Jetzt
erst
recht!

Pater Albert Seul OP

Jetzt erst recht!

Seelsorge in
schwierigen Zeiten –
Kirchenlust statt
Kirchenfrust

paulinus

Bibliografische Information der Deutschen Nationalbibliothek
Die Deutsche Nationalbibliothek verzeichnet diese Publikation
in der Deutschen Nationalbibliografie; detaillierte bibliografische Daten
sind im Internet über https://dnb.de abrufbar.

1. Auflage 2023
© 2023 Paulinus Verlag GmbH, Trier
Gesamtherstellung: Paulinus Verlag GmbH, Trier
Titelbild: Franz-Peter Wasser
Layout und Satz: segno – visuelle kommunikation, Gusterath-Tal
Druck: Repa Druck, Saarbrücken
www.paulinus-verlag.de
ISBN 978-3-7902-1765-0

Inhalt

Zum Geleit

Die Seelsorge braucht kreative Ideen. Vor allem aber bedarf sie zuerst einmal des Hinhörens auf die Sehnsüchte der heutigen Menschen. Es geht nicht darum, den Menschen ein vorgefertigtes Seelsorgsprogramm überzustülpen. Vielmehr geht es darum, genau hinzuhören, wonach sich die Menschen heute sehnen. Und dann braucht es eine kreative Antwort auf ihre Bedürfnisse. P. Albert gibt solche kreativen Antworten auf die Sehnsüchte des heutigen Menschen. Und offensichtlich erreicht er damit viele Menschen. Da entsteht mitten im Kirchenfrust unserer Zeit eine lebendige Kirche, die sich um die Wallfahrtskirche Klausen schart. Es braucht Mut, neue Wege in der Seelsorge zu gehen. Nicht alle Christen werden diese neuen Wege mitgehen. Aber darum geht es P. Albert auch nicht. Er geht ihm darum, in den vielen Menschen, die sich heute von der Kirche abwenden, die Sehnsucht nach Gott zu wecken und die Sehnsucht nach einem Ort, an dem Gottesdienste so gefeiert werden, dass die Herzen berührt werden.

So hat P. Albert den alten Wallfahrtsort Klausen mit neuem Leben erfüllt. Ein großes Kulturprogramm zieht jährlich viele Menschen an. Darüber hinaus versucht er, die traditionellen christlichen Feste so zu feiern, dass die Menschen entdecken: die Feste tun mir gut. Sie sind heilsam für meine Seele. Und P. Albert scheut sich auch nicht vor religiösen Events. Ob wir wollen oder nicht, unsere Kultur ist eine Eventkultur. Man kann sich darüber beklagen oder man kann diese Eventkultur nutzen, um Menschen für den Glauben und für den Sinn christlicher Feste und Gottesdienste zu gewinnen.

So wünsche ich P. Albert, dass er durch sein Buch, in dem er seine Erfahrungen in der Seelsorge beschreibt, den Menschen in der Kirche die Hoffnung vermittelt, dass die Kirche auch heute in einer Zeit, in der immer mehr Menschen die Kirche verlassen, doch ein Ort sein kann, der Menschen eine spirituelle Heimat schenkt, und ein Ort, an dem in unserer hoffnungsarmen Gesellschaft die Hoffnung auf ein sinnvolles Leben und einen lebendigmachenden Glauben blüht

P. Anselm Grün

7

Prolog:
Aus der Küche
auf die Kanzel –
oder wie es zu
diesem Buch kam

Wenn ich Sie fragen würde, welchen Raum Sie als den bezeichnen würden, der geistig-geistlich die meiste Energie besitzt, was würden Sie dann antworten? Wer den Titel dieses kleinen Abschnitts liest, der kennt bereits die Antwort: Klar, es ist die Küche unseres Pfarrhauses in Klausen. Nachdem wir als kleine Dominikaner-Kommunität, die zwei Brüder umfasst, jeden Morgen zusammen gebetet haben, begeben wir uns in die Küche und frühstücken gemeinsam.

Dies geschieht natürlich nicht im Schweigen, sondern im Gespräch.

Alles wird Thema, die Nachrichten in den Zeitungen, unsere Erlebnisse oder auch das Sonntagsevangelium. Manchmal verwandelt sich im wahrsten Sinn des Wortes der „Tisch des Brotes" in den „Tisch des Wortes". So mancher Gedanke, den wir gemeinsam erörtert oder diskutiert haben, fand schon seinen Weg in die Sonntagspredigt.

Genauso sind viele Ideen und Meinungen, die mein Mitbruder und ich zusammen besprochen haben, in dieses Buch eingeflossen. Insofern ist diese Schrift auch ein dominikanisches Werk, denn die Charakteristika des Ordenslebens der Predigerbrüder (wie unser Orden ja offiziell heißt) spielten eine gewichtige Rolle beim Zustandekommen von „Jetzt erst recht!".

Zunächst einmal verweist uns unser Gründer, der Hl. Dominikus, darauf, dass wir die Wahrheit Gottes immer wieder betrachten sollen (Contemplari). Dies geschieht bei uns, indem wir zum Beispiel zusammen beten oder uns mit Dingen beschäftigen, die eine Relevanz für unsere seelsorgerische Arbeit haben (Studium). Lesen wir ein Buch oder schauen wir uns etwa einen Beitrag im Fernsehen oder im Internet an, dann studieren wir. Dabei ergänzen wir uns. Pater Gerd, mein Mitbruder, interessiert sich für andere Bereiche als ich. Im Gespräch tauschen wir uns aber immer wieder aus. So verwandelt sich die Küche oft auch in einen Vorlesesaal. Das, was wir betrachtet, studiert und erörtert haben, mündet dann oft in eine Predigt, ein Gespräch, einen Social-Media-Post oder wie im vorliegenden Fall in ein Buch.

Das Buch als solches gliedert sich grob wie folgt.

Eine längere biografische Einführung nimmt Sie an die Hand und führt sie ein wenig durch meine Anfänge als Christ. Danach versuche ich aus meiner Sicht einerseits ungeschönt die gegenwärtige katastrophale Lage der Kirche im deutschsprachigen Raum zu schildern und andererseits gemäß dem Motto „Kirchenlust statt Kirchenfrust" kreative Wege aus der Krise aufzuzeigen. Am Ende will ich noch einmal diesen letzten Gedanken verstärken: Die Kirche hat eine Zukunft! Gewiss wird ihre Gestalt sich ändern. Das geschah schon immer an den großen epochalen Bruchstellen, an denen wir uns jetzt auch befinden.

Ich folge weiter den Flügelschlägen Gottes, die sich mir unter anderem beim Zusammenfalten der Schmetterlingsflügel zeigen. Jetzt erst recht!

P. Albert mit seinem Mitbruder P. Gerd Frenschkowski beim obligatorischen gemeinsamen Frühstück.

Von einem,
der auszog,
nicht nur
Schmetterlinge
zu sammeln

Ich liebe die Natur mit all ihren Seiten. Dazu gehören auch die wunderschönen Schmetterlinge, die sich anscheinend so mühelos durch die Luft bewegen. Ihre Flügel erscheinen bunt und immer neu. Wenn sie mich gleichsam umtanzen und verführen, ihren geheimnisvollen Flugbahnen zu folgen, fühle ich mich angerührt. Auch wenn ich keinen Köcher besitze, um die wunderschönen Tiere zu sammeln und es mir fern liegt sie zu töten, um sie danach mit einer Nadel aufzuspießen, nenne ich mich einen Sammler. Ich folge ihnen und sie führen mich zu neuen Begegnungen mit Gott und den Menschen.

Seit einigen Jahren lebe ich ein sehr intensives Verhältnis zu meinen tierischen Partnern. Ich betrachte sie nicht als mein Eigentum oder als Wesen, aus denen ich einen Nutzen herausschlagen muss, sondern als Freundinnen und Freunde, die mir helfen, mein Leben zu meistern. Als Christ fühle ich mich ihnen verbunden als Mitgeschöpf, als Kreatur des Schöpfergottes, der sie und mich erschaffen hat, damit wir in seinem Licht unser Leben leben und einmal alle in sein Licht eingehen werden.

Spätestens die Tiere haben mich auf den Trichter gebracht, dass mit dieser Kirche nicht mehr alles in Ordnung ist und dass ich meine Rolle als Priester neu sehen muss, aber schon vorher haben viele seelsorgliche Begegnungen, die ich als Seelsorger mit Menschen in Großstädten, Kleinstädten oder Dörfern hatte, mich nachhaltig beeinflusst. Immer klarer wurde mir, dass die (katholische) Kirche in ihrer gegenwärtigen Verfasstheit der heutigen Zeit nicht entspricht.

Doch so denke ich heute. Als ich meinen Weg als Christ begann, da sah ich die Dinge ein wenig anders. Ich komme aus Köln und entstamme einer Familie, die eher kirchenfern war als, dass sie häufig und oft an Gottesdiensten oder am Leben einer Gemeinde bewusst teilnahm. Sicher war es noch für einen Jungen im Köln der siebziger Jahre üblich, dass er zu den Sakramenten geführt wurde, gehörten doch beide Eltern der römisch-katholischen Konfession an. Selbstverständlich nahm ich als Schüler am Religionsunterricht teil. Als Zögling einer „katholischen Grundschule" war der wöchentliche Besuch der Schulmesse während aller vier Grundschuljahre obligatorisch. Jeden Mittwoch begann der Unterricht in unserer Pfarrkirche St. Josef, wo die gesamte Schule samt Lehrkörper vertreten war.

Dass ich „zur Kommunion gehen würde" daran gab es keine Zweifel und Frau Manstetten bemühte sich mit ihrer ganzen Kraft, uns Kindern die Inhalte der Erstkommunionsvorbereitung nahe zu bringen. Für den Tag der Erstkommunion, an dem ich zum ersten Mal in meinem Leben ein Oberhemd samt Blazer, schwarzer Stoffhose und ebenso farbigen Lederschuhen trug, wurde die Stammkneipe meiner Eltern „Zum Glöckchen" gemietet und es war wirklich ein tolles Fest, an das ich mich bis heute gern erinnere.

Das Zeugnis des katholischen Glaubens wurde dann während meiner Zeit auf der Realschule, die ich nach der Zeit auf der Grundschule besuchte, weniger selbstverständlich. Zum ersten Mal zeigten sich Risse in der religiösen Struktur: Ab der siebten oder achten Klasse durften die Schüler wählen, ob sie am Religionsunterricht teilnehmen. Sehr schnell fand ich mich dort nur noch mit sehr wenigen Mitglaubenden vor. Viele der Klassenkameradinnen und -kameraden wählten das Fach ab. Der hilflose Lehrer, der außerdem noch Erdkunde unterrichtete, tat sein Übriges, um Religion in den Augen vieler unbeliebt zu machen. Mir war das egal bzw. die Entscheidung der vielen gegen „Reli" spornte mich geradezu an, dieses Fach zu wählen.

Mittlerweile war ich aus eigener Überzeugung, anders als wie sonst üblich in der fünften Klasse, Messdiener geworden. Ein Dienst, der mir Freude machte, auch wenn diese Begeisterung in meiner Familie nicht unbedingt nur mit Freude gesehen wurde. Besonders schön war es, dass ein guter Freund mit mir auch diesen Schritt wagte. In der Gemein-schaft der damals nur männlichen Ministranten fanden wir andere Gleichgesinnte, die mit uns im immer weniger attraktiven Religionsunterricht saßen.

Aus der Erfahrung heraus, dass man für den Glauben werben kann und dass man dort nicht allein ist, wollte ich jemand sein, der nicht die Hände in den Schoß legt, sondern der aktiv und werbend für Glauben und Kirche eintritt. Um im Bild des Titels des Epilogs zu bleiben, ich wollte ein „Schmetterlingssammler des Glaubens" werden.

Für ein Kind der Siebziger und Achtziger Jahre war es damals noch üblich, Mitglied eines Vereins zu sein. Für mich waren es nach der Erstkommunion die Pfadfinder. Diese trafen sich in unserem Pfarrheim, das ich ja inzwischen gut kannte. Allerdings waren es nicht die „katholischen" Pfadfinder der DPSG (Deutsche Pfadfinderschaft St. Georg) sondern die weltanschaulich neutralen Jünger Baden-Powells des BDP (Bund Deutscher Pfadfinder). Ein Unterschied übrigens, der mir erst Jahre später auffiel, als ich selber einmal „Kurat"(geistlicher Leiter) eines DPSG Stamms geworden war. Dort wurde ich „Wölfling" (Angehöriger der niedersten Stufe) und begeisterte mich sehr für das Pfadfindertum. Jeden Tag eine gute Tat zu vollbringen, wurde mir in der damaligen Zeit Herzenssache. Gerne wäre ich Pfadfinder

Jung und skeptisch: P. Albert auf dem Deutschen Katholikentag 1992 in Karlsruhe.

geblieben, doch ein Wechsel in der Pfadfin-
derstufe stand an. Damit verband sich auch
ein Ortswechsel des Treffpunkts. Weg vom
heimischen Stadtteil hin zu einer entfern-
teren Ecke von Köln. Diesen wollte ich und
meine Freunde nicht vollziehen und so waren
wir raus aus den Pfadfindern.

Vielleicht hängt damit auch meine Entscheidung zusammen, Messdiener zu werden.
Besonders diese relativ spät von mir bewusst
getroffene Entscheidung, mich den Ministranten anzuschließen, erscheint mir in
der Nachschau als Start für mein christli-
ches Engagement, das mich letztlich in den

Dominikanerorden und zum Priestertum führen sollte. Manche der Umstände dieses Entschlusses bleiben in meiner Erinnerung nach wie vor dunkel und geheimnisvoll. In der Reflexion komme ich immer wieder darauf zurück und sehe dort den Kern dessen, was die Kirche oft überhöht im Zusammenhang mit einem Leben als Priester oder Ordensmann mit „Berufung" meint. Noch heute spüre ich die Begeisterung, die ich verspürte, als ich nachmittags unter Anleitung unseres damaligen Küsters in der großen und modernen Pfarrkirche alles lernte, was man als Messdiener so wissen musste. Noch heute habe ich den besonderen Duft der Kirche oder der Sakristei in der Nase. Fremd und irgendwie ehrfurchtsvoll empfand ich diesen. Unsere Kirche, hell und modern, rief in mir das Gefühl von Erhabenheit hervor. Neu gebaut war sie und dennoch aus einer alten Tradition kommend erschien mir der Kirchenbau, der nur aus edlen Materialien bestand. Der Tabernakel trug echte Edelsteine, der Kelch leuchtete golden, das edle Holz der Sessel von Pastor und Messdienern glänzte wohl poliert und der Priester mit seinen Messgewändern beeindruckte mich immer wieder sehr. Eine fremde neue Welt, die mich in ihren Bann zog. Für diese neue Welt wollte ich werben und mir war bewusst, dass ich damit anders war als viele meiner Klassenkameradinnen und -kameraden.

Bestärkt wurde ich noch dadurch, dass meine Eltern mich zusammen mit meinen Freunden nach unserem Aus bei den Pfadfindern bei einer neuen geheimnisvollen Organisation namens „Jugendclub Feuerstein" anmeldeten. Die Gruppe logierte in einem vornehmen Haus und wir wurden angeführt von einem begeisternden Studenten namens Christian. Er konnte spannende Geschichten erzählen, in denen oft ein Werwolf sein Unwesen trieb. Alle diese Storys waren „garantiert echt" und er hatte sie aus dem „Bonner Generalanzeiger", einem Blatt, an das wir als Kölner Schüler damals nicht herankamen. Also glaubten wir ihm. Dass am Anfang der Gruppenstunde immer ein Ave-Maria gebetet wurde oder dass bei Zeltlagern immer wieder spanische Priester in langen Soutanen auftauchten, bei denen wir beichten mussten, störte uns nicht. Genauso wenig, dass in den verschiedenen Gruppen dieser Organisation nur Jungen waren. Mädchen hatten nämlich keinen Zutritt zum Jugendclub Feuerstein.

Es dauerte mehr als zwei Jahre, bis der Vater meines besten Freundes, der mit mir Mitglied des Clubs war, aufgeweckt durch einen Artikel im Kölner Stadtanzeiger und eine Sendung beim WDR-Magazin Monitor, herausfand, dass der Jugendclub Feuerstein eine Tarnorganisation des erzkonservativen Opus Dei war. In dieser Elite-Vereinigung der Katholischen Kirche, die als Personal-

P. Albert mit seiner Mutter kurz nach der einfachen Profess.

prälatur eine Vereinigung sui generis von Gnaden des damaligen Papstes Johannes Paul II. war, herrschte Zucht und Ordnung. Dort praktizierte man z. B. in der damaligen Zeit noch den Bußakt der Selbstgeißelung. Eine Praxis, bei der man mittels körperlicher Selbstzüchtigung die Stufe einer höheren asketischen Vollkommenheit erreichen sollte. Vielen erschien das Opus Dei als einer Art katholischer Sekte, die ihre Mitglieder dazu zwang, zum Preis der Hergabe von Freiheit und eigenem Willen gebunden an die Organisation und die katholische Kirche zu sein. Aufgeschreckt durch die vielen negativen Berichte über diese angsteinflößende Einrichtung, nahmen unsere Eltern uns aus dem Jugendclub Feuerstein heraus.

Der charismatische Gruppenleiter Christian versuchte zwar noch uns als seine besonderen Schäfchen zu retten, indem er zum Beispiel meiner Mutter bis auf die Arbeit nachrannte, doch damit hatte er bei ihr keinen Erfolg. Sie blieb zusammen mit den anderen Eltern bei ihrer Entscheidung.

Christian verließ übrigens später selbst das Opus Dei und wurde Redakteur bei einer angesehenen deutschen Zeitung. Ich selber stimmte damals wie heute dem Handeln meiner Eltern übrigens zu. Zwar wurden wir nie zu Bußhandlungen mit der Geißel gezwungen oder waren Zeugen davon, doch im Nachhinein kann ich es nicht gutheißen, ohne klare Informationen an die Eltern oder uns, mit uns Kindern zu beten oder uns in gewisser Weise zur Beichte zu zwingen. Allerdings bleiben mir die spannenden Erzählungen über den Werwolf von Christian oder die tollen Zeltlager mit eindrucksvollen Nachtwanderungen oder anderen gut organisierten Spielen weiterhin in bester Erinnerung.

Dass die Verantwortlichen von Anfang an nicht mit offenen Karten über den klaren katholischen Charakter des Clubs und seine Verankerung in das Opus Dei gespielt haben, weckte und weckt allerdings meinen Verdacht, dass man hier mit einem attraktiven Jugendangebot mit der bewussten Verheimlichung entscheidender Fakten Jungen für die (erz-)

katholische Sache ködern wollte. Ich bin meinen Eltern sehr dankbar, dass sie mich dort herausnahmen und auf ihre Weise auch den Versuchungen widerstanden, mich wieder zurückzuholen.

Dennoch blieb diese Zeit im Jugendclub Feuerstein nicht ohne Wirkung. Hatte ich doch dort die Kirche in einer sehr traditionellen Form erlebt. Auch mein Engagement bei den Ministranten meiner Heimatgemeinde, das mich am Ende zur Position eines Obermessdieners führte, der die Aufgabe hatte, die Pläne anzufertigen, festigte mich in meiner Verankerung des kirchlichen Glaubens, auch wenn sich um mich herum im Laufe meiner Jugendzeit die Welt schnell und rasch änderte. Es waren die achtziger Jahre, an deren Ende sich nicht nur die politische Welt komplett anders darstellte. Trotz aller Versuche einer „geistig-moralischen Wende", die nicht nur vom damaligen Kanzler Helmut Kohl propagiert wurde, gelang es nicht, den Zeitgeist und damit die allgemeine Sicht auf die Welt im Sinne einer konservativen Haltung zu drehen. Projekte wie die von Papst Johannes Paul II angestoßene „Neuevangelisierung" Europas scheiterten schon in den Anfängen. Daran konnten auch seine vielen Pastoralbesuche in vielen Ländern dieser Welt nichts ändern.

Seine Besuche der Bundesrepublik am Anfang der Achtziger Jahre (1980) oder 1987 stellten

Papst Johannes Paul II. bei seinem Deutschlandbesuch 1987 anlässlich der Heiligsprechung Edith Steins in Köln...

...an der Seite des Kölner Erzbischofs Joseph Kardinal Höffner auf dem Gelände vor dem Müngersdorfer Stadion.

zwar ein großes Medienereignis da und der deutschen Kirche gelang es noch einmal zum Besuch der einzelnen Stationen viele Menschen zu mobilisieren, doch in der Rückschau waren diese Großmessen, Staatsempfänge, Massenandachten doch nichts anderes als ein Strohfeuer, das schnell wieder verlosch.

Ich selbst nahm an der Seligsprechung Edith Steins teil, die während des Besuches von 1987 anlässlich einer Messe im damaligen „Müngersdorfer Stadion" stattfand. Ich selber empfand die Feier sehr beeindruckend, auch deshalb, weil ich das „Stadion" als Fan des 1. FC Köln sonst anders genutzt kannte.

Ich befand mich damals in der Überlegung Priester zu werden. Sicherlich bestärkte mich die Erfahrung der vielen Menschen, die sich um den charismatischen Papst aus Polen versammelt hatten, darin, mich für einen Lebensentwurf zu entscheiden, der sich so ganz anders darstellte als die Perspektiven, die sich meinen Klassenkameradinnen und -kameraden für ihr weiteres Leben darboten. Viele wollten Banker werden, BWL (Betriebswirtschaft) studieren und schnell und einfach reich werden.

Ich habe mich anders entschieden und trat nach dem Abitur dem Orden der Prediger bei, wie die Dominikaner offiziell heißen. Dort studierte ich und empfing die Diakonen- und Priesterweihe. Mittlerweile bin ich seit fast dreißig Jahren Mitglied dieser Gemeinschaft und ich habe während dieser Zeit in Klöstern unterschiedlicher Größe gelebt.

Mal war ich Teil einer sehr großen Kommunität, wo ich einer von fünfzig war, während ich in Klausen, meinem derzeitigen Lebensmittelpunkt, „nur" mit einem einzigen Mitbruder das „Domus" St. Katharina v. Siena der Dominikaner bilde. Ich bin mir bewusst, dass ich als Ordenspriester in mancherlei Hinsicht ein sehr privilegiertes Leben innerhalb der katholischen Kirche führe. Als Kleriker bin ich Teil der Hierarchie und mein Orden sorgt gut für mich.

Andererseits schätze ich mich auch glücklich, Teil einer religiösen Gemeinschaft zu sein, weil sie mich immer wieder korrigiert und hinterfragt. Seien es neunundvierzig Mitbrüder oder einer: mit ihnen lebe ich zusammen und sie helfen mir dabei, durch kritisches Hinterfragen, auf der Spur zu bleiben.

In einer anderen Art und Weise stärkt mich der Orden noch viel mehr: Wir sind eine geistige Gemeinschaft. Diese Tatsache empfinde ich sogar noch stärker als je zuvor hier in Klausen. Mit meinem Mitbruder bete ich gemeinsam und mit ihm rede ich über dieses und jenes. Teil unseres Gespräches ist auch unser Glaube. Auch wenn sich der Orden manchmal in der einen oder anderen Situation als Herausforderung zeigt, stellt doch die Mitgliedschaft in einer religiösen Gemeinschaft letztendlich für mich eine große Bereicherung dar.

Als Dominikaner fühle ich mich mit meinem Ordensvater, dem Hl. Dominikus (1170–1221), berufen, immer wieder neue Wege der Verkündigung zu suchen und zu finden. Über ihn heißt es, „entweder redete er von Gott oder mit Gott, zu Hause, außerhalb des Hauses, auf dem Wege." (Koudelka 159). Zu den ersten Ordensmitgliedern, die sich seiner Sache verpflichtet fühlten und wie er als Wanderprediger umherzogen sagte er: „Geht nur, denn der Herr wird mit euch sein und euch wird es an nichts mangeln!" (Koudelka 161). Diese Worte finden sich in den Akten der Heiligsprechung des Gründers des Predigerordens. Dort heißt direkt nach den eben zitierten Worten: „Sie gingen und erfuhren, was er gesagt hatte." Diesem Zeugnis meiner Mitbrüder aus vergangener Zeit kann ich mich nur anschließen. Immer wieder lernte ich neue Menschen kennen. Ihre Bekanntschaft bereicherte mich und das ein oder andere Mal konnte ich sie auch dazu bewegen, sich Christus anzuschließen und in unserer Zeit den Glauben auf vielfältige Weise zu bezeugen.

Ich habe mich aufgemacht und mich auf das Abenteuer eingelassen als Ordenspriester in die besondere Nachfolge Christi einzutreten. In diesem Sinne verwandelte ich mich in einen geistigen Schmetterlingssammler für den Herrn. Als solcher glaube ich fest an die Zukunft einer Gemeinschaft, die sein Werk bewahrt und für jede Zeit immer wieder neu aktualisiert. Diese Gemeinschaft nennt sich Kirche und sie hat durch die Zeiten immer wieder verschiedene Gestalten besessen. Immer wieder begebe ich mich neu auf die Pfade Gottes und seiner Geschöpfe, um mit meinem Köcher zu sammeln und zu staunen.

 Video: Vom Mönch zum Klostermanager.

De ruina ecclesiae –
vom Niedergang
der Kirche

„De ruina ecclesiae" so überschrieb ein junger Mann namens Hieronymus Savonarola um 1460 herum eine Art Manifest, bevor er Dominikaner wurde und in diesem Orden zu einem gewaltigen Bußprediger aufstieg, der auf dem Höhepunkt seines Wirkens mit dem Wort seiner Predigt die mächtigen Medici aus Florenz herauswarf. Allerdings sollten diese sich mithilfe einer korrupten spätmittelalterlichen Kirche und seines Ordens bitter an ihm für diese Schmach rächen, indem sie sich die Stadt am Arno wieder für sich gewannen und schlussendlich Savonarola festnehmen, foltern und verbrennen ließen.

Mich spricht der Titel dieses Manifests an, dass allerdings eine eher schwer lesbare Kost darstellt und den modernen Leser durch eine Vielzahl von schwer verständlichen Bildern und Sprachspielen abschreckt. „Vom Niedergang der Kirche" – so würde ich den Titel übersetzen. Einen Niedergang der Kirche erleben wir heute. Dies geschieht mit einer Wucht, die so intensiv ist, wie nie zuvor. Am ehesten erinnert mich der Zustand der Kirche an die Zeit kurz vor der Reformation. Es fehlen nur noch die Hammerschläge, die durch Martin Luther 1517 nicht nur in Wittenberg zu hören waren. Als ich mich entschloss, Dominikaner zu werden, und 1992 das Ordensgewand der Dominikaner empfing und den Namen Frater Albert annahm, hätte ich nicht gedacht, dass ich solche Zustände je erleben würde.

Hieronymus Savonarola (1452–1498).

Doch der Niedergang der Kirche beschränkt sich nicht auf den Einsturz des Lügengebäudes, das von höchsten Kirchenoberen durch Vertuschung und Unterdrückung der Wahrheit angesichts von vielfältigem Missbrauch durch Kleriker ausgelöst wurde, sondern dieser Niedergang geht wesentlich tiefer. Auch „ganz unten" an der so oft bemühten Basis ist dieser Niedergang fast tagtäglich spür- und erlebbar.

Da gibt es zum Beispiel die oft unprofessionell und amateurhaft agierenden Bistumsverwaltungen, die es den Verantwortlichen vor Ort schwer machen, Lösungen zu finden, Kirchengemeinden zeitgemäß aufzustellen und ihre Existenz dauerhaft zu sichern. Die Antwort dieser Verwaltungen auf die Herausforderungen der modernen Zeit lautet meistens nur, sogenannte XXL-Pfarreien aufzustellen, die dann wieder von überforderten Klerikern und Leitungsteams geführt werden sollen. Solche Gebilde, die eher den Büros moderner Wirtschaftsberater entstammen, haben die Eigenschaft, dass sie sehr unpersönlich daherkommen und die meisten Gläubigen auf der Reise eher nicht mitnehmen und den Abstand zwischen ihnen und der Verwaltung noch größer werden lassen.

Wer, wie ich, den „synodalen Prozess" in einer deutschen Diözese von Anfang an mitgemacht hat, der kann sich eigentlich nur noch enttäuscht davon abwenden. Viele hatten den Eindruck, dass das „Synodale" oder „Prozesshafte" lediglich vorgetäuscht war. Auf sie wirkte das Ganze von Anfang an als am „Grünen Tisch" geplant. Um dieses Vorhaben umzusetzen, habe sich dann die Kirchenleitung eine handverlesene Synode zusammengesucht, die dann die bereits im Vorfeld ausgedachten Pläne nur noch „abnicken" sollte.

Natürlich weiß ich um die Ernsthaftigkeit der Absichten vieler Teilnehmerinnen und Teilnehmer unserer Synode. Unter den begeisterten Frauen und Männern, die sich drei Jahre abmühten in dieser Versammlung die Kirche zu modernisieren, gab es bestimmt viele, die daran glaubten, was man ihnen von der Bistumsleitung bezüglich der Ernsthaftigkeit, sich dem Willen der Synode zu unterwerfen, versicherte. Inzwischen erscheinen manchen der Synodalen Aussagen der Bistumsleitung über die Bereitschaft, sich auf die Voten der Kirchenversammlung einzulassen, im Nachhinein als zweifelhaft und unglaubwürdig.

Es ist bezeichnend, dass es zwei Initiativen waren, die 2019 diese „Synode" und ihr für einfache Menschen schlichtweg unverständliches Schlusspapier in Rom krachend zum Scheitern brachten. Für mich stellt diese römische Entscheidung einer der besten Urteile dar, dass vom Zentrum der Kirche in den letzten Jahren gefällt wurde.

Nichts war im Zusammenhang mit der Umsetzung der Reformsynode geklärt, als zum 1.1.2020 territorial riesige „Pfarreien der Zukunft" errichtet werden sollten. Nur Personen waren ernannt worden, die diese Gebilde führen sollten – mehr nicht. Alles sollte dem Spiel der Freien Kräfte ausgeliefert werden und hätte in Windeseile zu einem Chaos sondergleichen geführt. Leidtragende wären die

„Roma locuta, causa finita."

lokal Verantwortlichen und die Gemeindemitglieder gewesen. Nicht auszudenken, was geschehen wäre, hätte Rom diesen Prozess aufgrund eines Einspruchs einer Priestergemeinschaft und einer Laienvereinigung nicht gestoppt angesichts der im Frühjahr 2020 ausbrechenden Corona-Krise! Die Herausforderungen dieser „Pandemie" konnten wir gottlob noch in den alten Strukturen meistern. Mehr dazu in einem späteren Kapitel.

Niedergang der Kirche bedeutet auch eine Auflösung der traditionellen Ausübung des Glaubens. Erschienen früher Kirchgang, Sakramentenempfang sowie eine von der Kirche her abgeleitete Lebenspraxis für die meisten Katholiken noch selbstverständlich – und viele Statistiken der Vergangenheit bezeugen eine hohe Beteiligung vieler Gläubiger am kirchlichen Leben – , so stellt sich heute ein ganz anderes Bild dar. Kirche erscheint heute den meisten Menschen, auch den meisten Gläubigen als ein plüschiges Hotel (Thomas Frings), das man gerne zu hohen Feiertagen besucht, das aber aufgrund seiner musealen Verstaubtheit nichts mehr mit dem Leben der meisten Frauen und Männer zu tun hat, die sich – noch – als Mitglieder der Katholischen Kirche empfinden.

Von „ihrer" Kirche erfahren die Frauen und Männer, die sich noch als Teil der katholischen Gemeinschaft wahrnehmen, wenig Ratschlag, um die Hürden ihres Lebens in der heutigen Zeit zu meistern. Zu den vielen Zukunftsfragen, die sich dem modernen Menschen stellen, hat die Kirche wenig bis gar keine Antworten:

So schweigt sie etwa zu der Herausforderung der sogenannten Künstlichen Intelligenz (KI), die das Arbeiten und Leben des Menschen durchaus in Frage stellen kann. Auch über die wichtige Frage, wie Schutz von Natur und Wirtschaft in Einklang gebracht werden können, ist wenig Erhellendes zu hören. Die Liste der kirchlichen Sprachlosigkeit ließe sich endlos weiter fortsetzen. Auch ihre einstmalige Stärke einer persönlichen Seelsorge und Lebensberatung ist aufgrund des Personalmangels und einer schrumpfenden Bereitschaft des noch übrigen pastoralen Personals, sich fragenden Menschen zur Verfügung zu stellen, kaum noch vorhanden. Durch die zu Recht zu Ende gegangene Beichtpraxis und

der Unfähigkeit der Kirche, einen adäquaten Ersatz dafür zu finden, gehen die meisten Katholikinnen und Katholiken bei Lebenskrisen so wie die meisten Menschen heutzutage eher zum Psychiater als zu einem Priester.

Aus meiner Kindheit kenne ich noch die ausführliche Berichterstattung in den großen Medien über „Hirtenworte" zu aktuellen Themen der Bischöfe anlässlich ihrer Zusammenkünfte. Wenn heute über diese Treffen in den Medien berichtet wird, ist aufgrund des skandalösen Umgangs mit diesem Thema zu Recht nur noch Missbrauch im Fokus der Journalistinnen und Journalisten. Da die Kirche es nicht schafft, notwendige Reformen anzustoßen, um ihre Zukunftsfähigkeit zu ermöglichen, bleiben Berichte über Veranstaltungen wie den „Synodalen Weg" Einblicke einer modernen sich wandelbaren Welt in einen unveränderbaren Kosmos, in dem eine männliche Elite sich eine „Schwatzbude" hält, die doch nichts bewegen kann. Diese Berichte verbleiben im „Innen" der Kirche und vermitteln allen Interessierten ihre absolute Unfähigkeit, sich zu Fragen des Hier und Heute zu äußern. Der Niedergang in die absolute Bedeutungslosigkeit ist hier augenscheinlich für die Öffentlichkeit schon erreicht!

Wie oft erfahre ich als Seelsorger von Menschen, welche Schwierigkeiten ihnen auch

Versammlungen der Bischöfe genießen längst nicht mehr die gewohnte mediale Aufmerksamkeit.

Eine aussterbende Spezies: junge Männer, die sich für den Priesterberuf entscheiden.

vom „Bodenpersonal" an der Basis bereitet werden, sich diesem für ein Gespräch in persönlichen Fragen zu öffnen. „Keine Zeit" oder „die Schwierigkeit der Umstände" wird ihnen oft von den hauptamtlichen Frauen und Männern im Dienst einer untergehenden Kirche entgegengehalten, wenn diese gefragt werden, ob diese für ein Gespräch zur Verfügung stehen. In den letzten zwei Jahren musste dann die „Corona-Pandemie" als Begründungszusammenhang herhalten, um persönliche Begegnungen zu verunmöglichen.

Gerade die Corona-Krise mit ihren Folgen für die seelische Gesundheit von Kindern und Jugendlichen, aber auch für einen Großteil der Bevölkerung hätte der Kirche eine gute Möglichkeit geboten, sich aufs Neue als Gesprächspartnerin in der Bewältigung der Pandemie und ihrer Konsequenzen ins Spiel zu bringen. Doch auch diese Chance hat sie wieder mal vor lauter Inflexibilität und Ängstlichkeit erfolgreich verpasst.

Der Niedergang der Kirche, ihre ruinöse Gestalt, ist in der Tat mit Händen zu greifen bzw. zu sehen. Der (katholische) Journalist der FAZ Daniel Deckers hat es einmal sehr treffend auf den Punkt gebracht: „der Katholischen Kirche fehlt es an allem außer an Geld." Diesem Befund muss man sich stellen. Aufgrund dieses jämmerlichen Zustandes ist die Kirche auch kaum noch in der Lage, geeignetes Personal für sich zu gewinnen, mit dem man eine solche fundamentale Krise bewältigen kann. Viele der jungen Priester und der jüngeren hauptamtlichen Laien sind in ihrer biederen Harmlosigkeit und Stromlinienförmigkeit bestenfalls für Herz-Schmerz-serien geeignet und haben – den gängigen Klischees entsprechend – ihren festen Platz im Universum der Bergretter, Bergdoktoren oder ähnlicher Serien. Damit will ich ihren Willen, sich für die Sache Jesu einzusetzen, nicht schmälern, aber sie sind „Produkte" eines Teufelskreises, den die Kirche selber verschuldet hat. Eines Teufelskreises, der sich bei den möglichen Adressaten der kirchlichen Botschaft und der „Anwerbung" potenzieller engagierter Kirchenmitglieder nur auf jene 10 % der Gesellschaft bezieht, die sich nach den sogenannten Sinusstudien der vergangenen Jahre in Bezug auf die soziologische Verortung von aktiven Katholiken für eine kirchliche Aktivität noch begeistern lassen. Es ist das schrumpfende bürgerliche Milieu, das noch als möglicher Adressat einer kaum noch nachgefragten kirchlichen Botschaft oder als potenzielle Personalressource zur

Verfügung steht. Andere Teile der Gesellschaft haben sich längst von der Kirche verabschiedet und kirchliche Angebote zielen auch nicht auf sie ab. Aus dem kläglichen Rest der immer kleiner werdenden Gruppe der kirchengebundenen bürgerlichen Mitte rekrutiert sich eben auch der hauptamtliche Nachwuchs, seien es junge Männer, die sich noch für die Idee des zölibatären Priestertums interessieren lassen, oder andere Frauen und Männer, die Berufe wie Pastoral- oder Gemeindereferentinnen oder -referenten anstreben.

Dass sich in solchen Köpfen wenig kreative Ideen entwickeln, wie die Botschaft des Evangeliums modernen Menschen nahegebracht werden kann, verwundert kaum. Zwar sind viele von ihnen in den Sozialen Netzwerken unterwegs, doch entweder werden die alten Phrasen wiederholt oder bestenfalls schließt man sich dem gesellschaftlichen Mainstream an, der selten innovativ ist.

Die Kunst des frühen Christentums bestand darin, sich neben den ausgetretenen Pfaden der damaligen religiösen Praxis sich ganz neu und anders zu äußern und die Botschaft Jesu Christi den Menschen zu verkünden. „Anhänger des neuen Weges" so nannte man die Urchristen zunächst (Apg 2,9). Von „Neu" oder auch einem „Wegcharakter" der kirchlichen Praxis ist allerdings wenig zu verspüren. Auf das Pilgern und das für Christen als Lebensmodell wegweisende Lebensmodell der Pilgerschaft wurde die Kirche von dem deutschen Entertainer und Comedian Hape Kerkeling mit seinem Erfolgsbuch „Ich bin dann mal weg" (2006) gleichsam mit der Nase drauf gestoßen.

Kerkeling ist übrigens schon seit langem ein bekennender Homosexueller und lebt damit nicht nach den moralischen Maßstäben der katholischen Kirche, die Schwul- und Lesbischsein bis vor kurzem noch vehement ablehnte und dies in ihrem Weltkatechismus auch so beschreibt: „Gestützt auf die Heilige Schrift, die sie als ‚schlimme Abirrung' bezeichnet, hat die kirchliche Überlieferung stets erklärt, dass die homosexuellen Handlungen in sich nicht in Ordnung sind (…) Sie ist in keinem Fall zu billigen." (KKK 2357). Die einzige Form, diese Veranlagung zu leben, besteht nach Meinung der Kirche darin, keusch zu sein (KKK 2360).

Zwar singt man gerne von den „neuen Wegen", doch lässt sich der Charakter des kirchlichen Zukunftsmodells mit unpersönlichen XXL-Pfarreien, funktionärshaft auftretenden Hauptamtlichen und einem fleischlosen und unverständlichen Soziologensprech der ekklesialen Vertreterinnen und Vertreter wirklich als „Neuer Weg" beschreiben? Besteht der Kern dieser sogenannten Synoden und

scheindemokratisch abgesegneten Zukunftsmodelle nicht eher aus einer Mischung aus Wirtschaftsberatung und einer soziologisch-aktivistischen Utopie?

Auch hier bemerke ich viel guten Willen auf Seiten vieler Aktivisten. Den kann und will ich ihnen nicht absprechen. Doch vieles, was ich da aus hauptamtlichem Mund höre, erinnert mich oft an die Äußerungen von Mitgliedern bestimmter Parteien oder von Vertreterinnen und Vertretern eines gesellschaftlichen Meinungs-Mainstreams, der sich auch anderswo sehr lautstark zu Worte meldet.

Wie sehr wünsche ich mir von den gegenwärtigen Meinungsführerinnen und -führern in meiner Kirche, eine immer notwendige Unterscheidung der Geister, wie sie der Apostel Paulus (1 Kor 12, 10) und andere den frühen Christen empfehlen. Ein großer Heiliger und Visionär der Kirche, Ignatius von Loyola (1491–1556), hat zu seiner Zeit mithilfe dieses wichtigen Kriteriums mit dazu beigetragen, dass die Kirche nach den Einbrüchen der Reformation sich wieder auf einen Erfolgskurs begab. Eine solche Unterscheidung der Geister fehlt in der Kirche heute an allen Orten – sowohl in den höchsten Stufen der Hierarche als auch in den unteren Bereichen der Kirche!

Ideenlosigkeit, Verzagtheit und die sprichwörtliche Angst des Torwarts vor dem Elfmeter haben sich bei allen Beteiligten breit gemacht. Von der Kirche erwartet man nichts mehr. Sie dient bestenfalls eben nur noch als kuscheliges und plüschiges Grand Hotel der Vergangenheit, in das man sich zurückzieht, um sich an die schönen Tage längst vergangener Zeiten zu erinnern oder sie wird zur lächerlichen Witzfigur, an der man sich schadlos erheitern kann, ohne Angst vor den Wirkungen solcher Gags zu haben. Immer schneller wechselt die Kirche dabei zwischen ergebnislosem Aktivismus und innerer Nabelschau und verstärkt damit immer mehr ihren Niedergang.

Der Theologe Daniel Bogner beschreibt in seinem sehr lesenswerten Buch „Ihr macht uns nicht die Kirche kaputt" (2019) diesen Niedergang im für mich sehr treffenden Bild von der Ruinenlandschaft der ehemaligen Volkskirche. In diesen Ruinen gibt es immer noch Menschen, die nach Gott suchen – um „hier und da noch ein Lagerfeuer zu suchen an dem man sich wärmen kann."

Einen ähnlichen desolaten Zustand der Kirche für seine Zeit schildert auch Hieronymus Savonarola um 1460 in seinem Traktat de *ruina ecclesiae*. Auf die Verantwortlichen dafür zielen seine etwas sarkastischen abschließenden Worte ab. Und auch diesen Kommentar mag man all den hauptamtlichen Kultbürokraten unserer Zeit entgegenhalten: „Dem einen fehlts am Können, dem andern am Begreifen!"

Video: Auf ein Kaffee mit P. Albert – Patient katholische Kirche.

Video: Impuls von P. Albert zum „Niedergang der Kirche"

Quintessenz:
Die Kirche von heute gleicht oftmals einer Ruinenlandschaft. Die Angebote erreichen selten Menschen, die außerhalb der Kirche stehen. Der Katholischen Kirche in Deutschland fehlt es an allem, bald auch an Geld.

Wenn doch
das Wörtchen Gott
nicht wär'...

Für uns Menschen gehört die Sprache mit zu dem, was uns als Wesen ausmacht. Das gesprochene und geschriebene Wort definiert uns als Menschen in einer ganz besonderen Art und Weise. Zu den durch unsere Stimme hervorgerufenen Tönen, die wir als Worte verstehen, haben sich im Verlauf unserer langen Geschichte auch noch Schriften hinzugesellt, die auch im Zeitalter von Smartphone und Co ihre Wichtigkeit nicht verlieren.

Auch die Kirche lebt im hohen Maße vom Wort und den Wörtern. Mit dem Judentum und dem Islam zählt das Christentum sich zu den „Buchreligionen", welche aus Quellen ihres Glaubens leben, die sich zu einem erheblichen Teil aus geschriebenen Wörtern, Büchern, Texten, etc. speisen. Die Christen haben die Vorstellung, dass Gott sich ein und für alle Mal in einem Text zu den wichtigen Fragen des Lebens in einem Text geäußert hat. Im berühmten Prolog des Johannesevangeliums findet sich dieser Gedanke aufs äußerste zusammengefasst:

„Das Wort ist Fleisch geworden und hat unter uns gewohnt " (Joh 1, 14). Mit diesem Statement beginnt sehr aussagekräftig das Vierte Evangelium. Jesus ist für seine Anhängerinnen und Anhänger derjenige, der Wort Gottes ist. Damit hat das „Wort" eine ganz neue Bedeutung gewonnen und es ist nur folgerichtig, dass gesprochene und geschriebene Worte, und nicht nur die der Bibel, im Leben der Kirche zu allen Zeiten eine hohe Wichtigkeit besaßen.

Zu all den Worten, die die Kirche gerne benutzt, gehört auch das Wort Gott. Wurde dies früher inflationär und überaus häufig gebraucht, so hat sich in den letzten Jahren bzgl. der Verwendung dieses in meiner Sicht so entscheidenden Wortes, das mehr als ein solches ist, ein beredtes Schweigen eingestellt.

Natürlich reden alle in der Kirche weiterhin viel. Gerne in der Art und Weise, wie die gesellschaftlichen Wortführerinnen und Wortführer so daherreden. Den Stil solcher Reden nachzuahmen, fällt den Berufsverkünderinnen und -verkündern nicht sehr schwer. Allerdings vergisst man dabei oft das Wörtchen „Gott". Ihn im Munde zu führen, scheint schwer zu fallen.

Der Schriftsteller Heinrich Böll erzählt in den fünfziger Jahren des letzten Jahrhunderts die Geschichte „Dr. Murkes gesammeltes Schweigen", indem ein Rundfunkredakteur die Aufgabe hat, das Wort „Gott" mit „jenes höhere Wesen, das wir verehren" zu ersetzen. Was damals als Satire auf eine aufkommende Re-Nazifizierung und die Situation des Rundfunks in den Adenauer-Jahren gedacht war, bekommt heutzutage eine ganz andere Aktualität.

Vielen „Berufs-Christen" – übrigens beider Konfessionen – scheint Gott unangenehm zu sein. Das Wort „Gott" wird anders als in Bölls Satire noch nicht einmal durch Umschreiben ersetzt, sondern wird ersatzlos gestrichen. Die Rede der Religions-Profis in Deutschland erhält damit eine säkulare und oftmals sehr künstliche Atmosphäre.

Hat zwar noch Rupert Lay 1996 in seinem vom Lehramt verworfenen Buch „Nachkirchliches Christentum" über einen „fahrlässigen Gebrauch" des Gottesnamens geklagt, so erscheint heute das Gegenteil davon gängige Praxis der hauptamtlich bestellten Männer und Frauen der Kirche zu sein. Das Wort „Gott" ist in offiziellen Äußerungen der kirchlich organisierten Christengemeinschaften kaum noch zu finden. Es entsteht der Eindruck, dass eine Nennung des höchsten Wesens und damit ein offenes Bekenntnis außerhalb des Altarraums zu eben diesem vielen Kirchenmännern und -frauen heutzutage peinlich ist.

Stattdessen Predigten und Katechesen, die kaum die Massen begeistern können und die nicht wenige aus der Kirche treiben. Auch diese religiöse Sprachlosigkeit so vieler hauptamtlicher Kultdienerinnen und -diener trägt dazu bei, dass sich viele von der Kirche abwenden und ihr religiöses Heil im Buddhismus, beim Islam oder bei Schamanen finden.

Es wäre so leicht, sich der vorherrschenden „anything-goes-Kultur" zu unterwerfen, wenn doch dieses Wörtchen Gott nicht wäre!

Die Situation ist in der Tat kompliziert. Denn angesichts der vertrackten Lage liegt die Versuchung nahe, doch einfach die sprachlichen Bekenntnisse der Zeit vor dieser Lage zu wiederholen, wie es konservative Pressure-Groups so gerne vormachen. Da wird etwa lustig drauf los schwadroniert, der Unterschied zwischen Strafe und Buße läge darin, das eine nehme man als Konsequenz einer vollbrachten Straftat auf sich, das andere sucht der brave Christ sich freiwillig aus, um sich innerlich zu reinigen. Viele andere solcher Versuche, gedankenlos Wortspiele der Vergangenheit anzuwenden, könnte ich hier nennen.

Gerne benutzen solche Vergangenheits-Nachspieler, wie ich sie einmal nennen möchte, die sozialen Medien. Diese texten sie dann mit ihrem sprachlichen Müll zu. Garniert wird das Ganze dann noch mit Bildern von jungen Männern und würdigen Greisen, die edle Gewänder aus Seide und Damast tragen und so auch visuell die glorreichen Tage einer Kirche hochleben lassen, in der es keine Zweifel oder alternative Glaubens- oder Lebensvorstellungen gab. Für mich ist das so etwas wie ein religiöses „Phantasia-Land" (wobei ich nicht dem Freizeitpark in der Nähe von

Mit dem Wort Gottes in der Hand jonglieren, anstatt es zu umschreiben.

Köln zu nahetreten möchte), in dem die Anhängerinnen und Anhänger solcher Vergangenheits-Nachspieler sich eigentlich nur noch in Kulissen bewegen, die zum einen künstlich und zu klein sind, und zum anderen, die nichts mit der realen Welt zu tun haben. Diese Wirklichkeitsvergessenheit bezieht sich übrigens sowohl auf die Gegenwart als auch auf die Vergangenheit!

So wie diese Menschen sich die Vergangenheit vorstellen, war sie nämlich nie! Um im Fring'schen Bild vom Grandhotel der Kirche zu bleiben: Solche Leute sind nicht nur für eine kurze Zeit an einem plüschigen imaginierten Bild der Vergangenheit interessiert, sie haben beschlossen religiös darin zu verweilen.

Zwei Verkünder von Gottes Wort im Gespräch.

Die Herausforderung liegt darin, trotz aller Versuche der Verweltlichung oder einer plumpen Nachahmung der für glorreich erachteten und oftmals selbst konstruierten Vergangenheit, eine neue Sprache zu finden, die dem Anspruch des Evangeliums gerecht wird. „Gott" muss darin einen Platz haben. Auch wenn z. B. die Änderung des Sendenamens des TV-Formats „Gott und die Welt" in „Echtes Leben" vor einigen Jahren damit begründet wurde, dass „Gott" für die meisten Menschen einen negativen Beiklang habe, können wir als Jüngerinnen und Jünger Christi nicht ohne dieses Wörtchen auskommen. Aus jeder Zeile der Heiligen Schrift, aber auch aus der Glaubenserfahrung der Christinnen und Christen aller Zeiten, sowie dem Empfinden gläubiger Menschen überhaupt, tönt uns das Wort „Gott" entgegen.

Dazu gehört allerdings ein zeitgemäßer Dialog mit der Gesellschaft auf vielen Ebenen. Literatur, Philosophie, aber auch Populärkultur oder Esoterik kommen da als mögliche Gesprächspartner in Frage. Ich bin davon überzeugt, dass „Gott" auch in unserer Zeit und in unserer Welt seine Berechtigung hat. Das, was Menschen an ihm fürchten oder woran sich stoßen, ist in der Regel etwas, das von uns Menschen so geschaffen worden ist. Insofern ist ein künstlich erdachter und oft gegen besseres Wissen zum eigenen Machterhalt verkündeter „Gott" ein Abgott, ein Götze und durch und durch tot. Ein solches totes und ideologisch zurechtgezimmertes Höheres Wesen als Begründung für alles Mögliche ständig vor sich herzutragen, ist laut dem eben schon einmal erwähnten Rupert Lay nichts anderes als „praktischer Atheismus"!

Das, was auch so manche fromme Christen als „Gott" anbeten, verehren oder verkünden, ist eigentlich nichts anderes als das Ergebnis ihrer Fantasie oder ihrer eigenen Vorstellungen. Der Gott der Offenbarung passt in keine Schublade und auch in keinen Schrank, den menschliche „Theologie" für ihn zusammengezimmert hat. Unser enger Geist und unsere kleinlichen Ideen können ihn doch niemals erreichen!

Schon mein großer Mitbruder im Orden, Thomas von Aquin (1225–1274), hat einmal gesagt, man könne von Gott nur in Analogie, also im Vergleich reden. Die Kirche ist ihm da kaum gefolgt und hat ihn stattdessen zum Säulenheiligen einer Theologie gemacht, die den Gott der orthodoxen Lehre und sein Werk so detailliert beschreibt, dass dem Gott der

Wirklichkeit – würde er diesem Lehrgebäude getreu handeln – kaum ein Zentimeter Luft bleiben würde, um in seiner Schöpfung zu leben und zu wirken.

Gott ist anders – im wahrsten Sinne: Gott sei Dank! Er kann frei agieren und sein Wirken ist in keinster Weise an unsere begrenzten Vorstellungen von Wirklichkeit gebunden. Immer mehr bemerken wir, wie eng auch das Korsett ist, dass die moderne Naturwissenschaft über die Realität gezogen hat. Immer öfter stellen engagierte und neugierige Wissenschaftlerinnen und Wissenschaftler fest, die Natur und ihre Grundlagen sind in Wirklichkeit wesentlich komplexer als sich das ihre Vorgängerinnen und Vorgänger in der Vergangenheit so ausgedacht haben.

Es wäre schön, wenn auch die Kirche und ihre Theologie sich eine solche Offenheit und Neugierde bewahrt hätten! Leider verharrt die Kirche und ihre zumindest offizielle Lehre in den überalterten Bahnen einer Theologie, die sich Gott und seine Schöpfung wie einen Kleiderschrank vorgestellt hat, in dem jeder Form von Leben eine Schublade, ein Fach oder ein Kleiderbügel samt Stange zugeordnet ist. Auch dieser durch engstirnige wie geschichtsvergessene Theologie selbst zurecht gezimmerte Gott ist tot und nichts anderes als ein von Menschen hergestellter Götze.

Jesus Christus, das fleischgewordene
Wort Gottes.

Damit geht eine große Geschichtsvergessen-
heit einher. Denn die Rede von Gott, die
Verkündigung oder die Liturgie bewegt sich
nur im Gewand des 19. Jahrhunderts. Viele
der vermeintlich „großen Traditionen" haben
nämlich dort ihren Ursprung. Schon bei einer
nur oberflächlichen Beschäftigung mit der
Kirchengeschichte in all ihren Äußerungen
entdecken wir eine ungeahnte Vielfalt etwa
von Vorstellungen über Gott in den verschiedenen Zeiten der Kirche.

Daher bin ich sehr optimistisch, dass das Wort
„Gott" weiterhin eine große Zukunft besitzt.
Es ist durchaus anschlussfähig an das Denken
von modernen Menschen. Der Grund dafür
ist, dass Gott eben ein real existierendes Wesen ist. Freilich nicht der alte weiße Mann mit
langem Rauschebart, sondern Gott, der oder
die oder das oder alles zusammen Schöpfer des
Universums mit all seiner verwirrenden und
oftmals verstörenden Vielfältigkeit ist.

In Bezug auf diesen Gott, der gleichsam
einfach und kompliziert ist und der uns
zu Gefühlen der Ehrfurcht aufrufen kann,
aber auch die Fähigkeit hat, uns zum Zorn
zu reizen, gilt es in neuen Worten zu reden
und zu denken. Dieser Gott wird aber nicht
schweigen und wenn es die Kirche mit ihrem
Bodenpersonal nicht (mehr) vermag, ihn so zu
verkünden und zu verehren, dann wird er sich
eine andere Gemeinschaft suchen, die dies in
seinem Namen besser tun kann. Vielleicht geschieht das bereits und wir sind Zeuge davon,
wie Gott sich dieser Kirche entledigt und sich
etwas Neues sucht.

Gott besitzt kein Taufbuch und er ist keiner
Konfession verpflichtet. Seine Handlungs-
möglichkeiten sind frei und nicht gebunden
an irgendein kirchliches Bekenntnis. Von
daher kann er sich auch Menschen aussuchen,
die seiner Sache dienen und die ebenso wie er
unabhängig von menschlichen Institutionen

sind. Es liegt an uns, ob wir seinen immer neuen sowie immer anderen Wegen trauen und uns von falschen Bindungen an vermeintlich notwendige Traditionen sowie eingebildete unabänderliche Wahrheiten trennen.

In dieser Hinsicht birgt das Wort „Gott" eine dynamische Kraft, die diejenigen, welche sich öffnen für den vollen Bedeutungsinhalt dieses kleinen Wörtchens, weiterführt in ganz neue Bereiche des Denkens und Empfindens. Meine bescheidene Hoffnung ist es, dass solche Menschen von Gott her so die Kraft des Heiligen Geistes empfangen und so die Kirche an neue Ufer des Denkens, Sprechens und Handelns führen, wie es in der Vergangenheit immer wieder an bestimmten Wendepunkten der Kirchengeschichte geschehen ist.

Video: P. Albert im Gespräch mit P. Anselm Grün über die aktuelle Situation der katholischen Kirche.

Video: Impuls von P. Albert zum „lieben Gott".

Quintessenz:
Traut euch wieder mehr, von Gott zu sprechen! Ohne das Wort „Gott" kann keine glaubwürdige Verkündigung des Evangeliums stattfinden. Gott ist anders als der Gott der traditionellen kirchlichen Katechese. Gott sucht sich Menschen, die von ihm reden.

Jenseits der ausgetretenen Pfade

Ein Blick auf die katholische Kirche ist heutzutage wenig attraktiv. Sie hat viel von dem Vertrauen, das man ihr einst im Übermaß entgegenbrachte, verloren. Ihr Altersdurchschnitt, zumindest in unseren Breiten, ist nicht nur beim hauptamtlichen Personal eher hoch und als Gemeinschaft wirkt sie kraft- und ideenlos, zerrissen von inneren Kämpfen und Auseinandersetzungen. Kurzum: wäre sie ein Rennpferd, dann würde kaum jemand etwas auf es setzen.

In ihren Methoden, welche sie benutzt, um für die gute Botschaft zu werben, die ihr einmal von Jesus anvertraut wurde, erscheint sie vollkommen frei von Phantasie und einem Verständnis, wie Menschen heutzutage ticken. Diesen Eindruck zumindest kann ein Unbeteiligter gewinnen, der sich dem Phänomen „Katholische Kirche im Jahre 2023" nähert.

Kann er das wirklich? Trifft diese Beschreibung nicht eher auf die zu, die, lediglich nur einen Teil des Bildes wahrnehmen, aber nicht das Ganze. Im Ganzen betrachtet gibt es durchaus den ein oder anderen Versuch, kreativ und zeitgemäß (ich mag den Ausdruck „modern" hier nicht so gerne) das Evangelium zu verkünden. Nur muss der Suchende es wagen, die bekannten und oft betretenen Wege zu verlassen.

Es gilt, neue Wege zu finden jenseits der schon oft benutzten Routen. Diese gibt es in der Tat. Glücklicherweise gibt es einige, die es wagen, neue Wege zu betreten und gleichsam zu neuen Ufern aufzubrechen. Vielen fällt das zunächst schwer, denn im unbekannten Gebiet warten auf den Suchenden neue Gefahren und anstrengende Herausforderungen. Personaltrainer und Coaches sprechen gerne davon, die Komfortzone zu verlassen, und meinen damit, dass der Klient sich trauen soll, neue und andere Wege zu gehen, die zunächst sehr fordernd sind.

Auch Jesus spricht vom „engen Weg", den nicht sehr viele betreten. Als Vergleich zur Größe eines solchen Pfades spricht er davon, dass eher ein Kamel durchs Nadelöhr gehe, als ein Reicher ins Himmelreich. Hier begegnet mir Jesus als Coach und in Bezug auf die Kirche als Unternehmensberater, der sowohl mir persönlich als auch der Kirche als Ganzes Ungewohntes und vielleicht zunächst auch Unangenehmes zutraut.

Die ersten Christen wirkten auf ihre Umgebung derart fremdartig, dass diese sich schwertat, für sie eine Bezeichnung zu finden. Eine dieser ersten Versuche, die „Jesus-Bewegung" irgendwie zu benennen, war „der (neue) Weg" (vgl. Apg 19,9). Von Anfang an findet man also als Metapher, um das Phänomen „Jesus-Gemeinschaft" zu beschreiben, das

Bild des „Weges". Auch in der Herkunft des Begriffes „Synode" als Bezeichnung für eine wichtige Kirchenversammlung spielt der Weg eine wichtige Rolle.[1] Christen sind demnach Menschen eines gemeinsamen Weges. Einander sollen sie Weggefährten sein.

Noch einmal möchte ich meinen Ordensvater, den Heiligen Dominikus als historisches Vorbild für eine solche Haltung der Suche nach neuen Wegen herausstellen. Von ihm und seinen ersten Gefährten und ihrem „Reisestil" heißt es in einem alten Dokument: „Sie gingen von Flecken zu Flecken und nahmen dort an Disputationen teil. Aber sie gingen zu Fuß, barfuß und verzichteten auf jedes Gepränge, auf Begleiter und Pferde." (Koudelka 145)

„Vertraut den neuen Wegen" heißt es so schön im Lied, das oft und gerne gesungen wird, wenn professionelle Christen wähnen, sich auf Reisen in ein vermeintlich neues Land zu begeben. Doch diese Wege gleichen eher schon oft benutzten Autobahnen als neuen Routen durch unbekanntes Terrain. In der Vergangenheit führten die offiziellen kirchlichen Wege eigentlich eher immer nach Rom und zur angenommenen wahren Lehre der Katholischen Kirche als zur Begegnung mit Menschen, die neu dachten und die durch eine Begegnung mit Christen diese und sich selbst weiterbrachten.

Dennoch gab und gibt es immer Frauen und Männer, die aus christlichem Glauben heraus sich neuen Wegen gegenüber offen gezeigt haben. Später war es dann die Kirche selbst, die sich nach zaghaften Versuchen immer deutlicher mit auf einen solchen Weg gemacht hat und wodurch ein solcher neuer Weg auf einmal zur guten Tradition geworden ist. Es sei in diesem Zusammenhang unter anderem an das Aufkommen der Bettelorden im 13. Jahrhundert oder an die Liturgische Bewegung erinnert, die Anfang und Mitte des 20. Jahrhunderts mit einer neuen Zuwendung zur Liturgie und durch ein Eintreten für eine zeitgemäße Feier derselben nicht nur die Feier des Gottesdienstes in der Kirche entscheidend geändert hat.

Manche der als seit alter Zeit gefeierten Traditionen verdanken sich eher der Initiative bestimmter Vordenkerinnen und Vordenker und einem Zeitgefühl. Beides zusammen hat dann dazu geführt, dass sich die Kirche sich auf einen neuen Weg begeben hat. Manche dieser „neuen Wege" verwandelte sich dann in eine gute alte Tradition, vor der viele glauben, sie habe es „immer schon" in der Kirche gegeben. Als Beispiele seien hier etwa das Papsttum in seiner heutigen Gestalt (Pius IX, 1792–1882), das Fronleichnamsfest (Juliana von Lüttich, 1193–1258) oder die Herz-Jesu-Frömmigkeit (Margareta Maria Alacoque, 1647–1690) erwähnt.

[1] Synode stammt vom griechischen Wort Synodos ab. Dieses Wort kann mit „gemeinsamer Weg" übersetzt werden.

Dominikaner-Provinz Teutonia
7 Std. · 🌐   · · ·

SEELSORGE IN ZEITEN KÖRPERLICHER DISTANZ

Unser P. Albert im Morgenmagazin

Dominikanerprovinz vom hl. Albert   👍
7 Std. · 🌐

Pater Albert Seul OP kommt zur Gemeinde!

Ord... Mehr anzeigen

Pater Albert

👍 3   1 Mal geteilt 💬 ▾

👍 Gefällt mir   💬 Kommentieren   ↪ Teilen

🏠   📺²   👥   🚩³   🔔   ☰

Die Präsenz in den sozialen Medien ist für viele
noch ein neuer Weg.

Das war einmal und manches hat bis heute
seinen Sinn erhalten. Mancher alter Weg
endet aber auch in einer Sackgasse und führt
nicht mehr weiter. Nicht jede ehrwürdige
Gasse besitzt eine Bestandsgarantie für die
Ewigkeit. Deshalb ist es wichtig, weiter-
hin nach neuen Wegen Ausschau zu halten.
Gerade diese Fähigkeit scheint der Kirche
aber heute in hohem Maße abzugehen. Als
Kaplan in einer Großstadtgemeinde und als
Studentenpfarrer angesiedelt an einer kleinen
Universität musste ich früh lernen, kreativ zu
werden was die Seelsorge angeht.
Relativ herkömmliche Angebote wie Bibel-
tage, aber auch einen „Schwarzen Abend" zu
Halloween und vieles anderes habe ich in der
Gemeinde für Kinder und Jugendliche erprobt
und durchgeführt. Manchmal bin ich dabei
über das Ziel hinausgeschossen, aber manchmal habe ich den „Puls" der Zeit erfasst und
konnte erfolgreich einen neuen Weg beschrei-
ten, der mich und andere neu und anders
mit der befreienden Botschaft Jesu Christi in
Kontakt gebracht hat.

Auch als Studentenpfarrer war ich am Anfang
mit einer Lage konfrontiert, die mich ziemlich
herausgefordert hat. Damals kam ich aus der
Pfarrarbeit, wo ich als Kaplan etwa eine florie-
rende Kinder- und Jugendpastoral aufgebaut
habe, die ich ungern verlassen habe. An der
Hochschulgemeinde angekommen, stand ich
in gewisser Weise vor dem Nichts. Es gab zwar

einige Studierende, aber es gab kaum Strukturen oder erprobte Angebote, die in irgendeiner Art und Weise eine erfolgreiche Pastoral generieren würden.

Bevor ich meine Zeit an der Studentengemeinde beschreibe und Wege aufzeige, dort als Seelsorger weiterzukommen, möchte ich kurz einhaken und beschreiben, was für mich „erfolgreiche Pastoral" bedeutet.

Erstens hat dieser Begriff für mich nichts mit Zahlen zu tun. Das Kümmern um Menschen im Licht der Gegenwart Gottes (so eine mögliche Übersetzung von „Seelsorge") ist meiner Meinung nach frei von numerischen und mathematischen Gesetzmäßigkeiten. Wenn man sich vor Augen hält, dass auch Jesus zunächst „nur" mit zwölf Aposteln und einigen Frauen sein Werk begonnen hat, dann kann das unseren Blick auf Erfolg oder Scheitern in der Seelsorge erhellen. Ein modernes Wort scheint hier auf, dass wir gut auf die Sorge Gottes an Menschen vermittelt durch uns (wieder eine andere Übersetzung) anwenden können: Nachhaltigkeit. Welche Folgen hat pastorales Handeln? Bringt es Menschen dazu, ihr Leben neu auszurichten (vielleicht auch nur für einen kurzen Moment), ihr Tun zu überdenken und Erfahrungen zu machen, die das alltägliche Erleben der sogenannten Realität übersteigen? Gleicht die seelsorgliche Praxis nur einem Strohfeuer? Welche Folgen

hat ein solches Tun für die Menschen? Die Antworten auf solche Fragen beschreiben in etwa das, was ich mit pastoraler Nachhaltigkeit meine. Dabei ist es dann gleichgültig, ob am Ende nur einer bleibt oder zehn.

Nachhaltigkeit könnte also mit Bindung übersetzt werden. Das mag stimmen, doch ich denke zweitens das mein Handeln im Lichte Gottes auch bei den jeweiligen Menschen etwas bewirkt. Von Gott sagen wir zu Recht, er ist ein menschenfreundlicher Gott. Für mich ist es eine Selbstverständlichkeit, diese Aussage etwa auch auf die Tiere zu erweitern. Gott ist natürlich auch ein Freund der Tiere und auch diese nehme mit hinein, ebenso die Pflanzen. Allein deshalb, weil er nach unserem christlichen Verständnis der Schöpfer von Allem ist. Später steige ich noch etwas tiefer in dieses Thema ein. Gottes Handeln an seinen Geschöpfen bewirkt immer etwas Positives oder – moralisch gesprochen – Gutes. „Gottes Handeln an mir ist nicht ohne Wirkung geblieben" (1 Kor 15,10), so berichtet etwa der Apostel Paulus.

Wenn Gott mit einem seiner Geschöpfe interagiert, dann geschieht das niemals zum Schaden desjeweiligen. Deshalb sollte der, der pastoral handelt, immer auch das Gute desjenigen im Blick haben, mit dem er seelsorglich in Verbindung tritt.

Das alte und missverständliche Wort „Heil" fasst diesen Zusammenhang zusammen. Daher weiß ich mich im richtigen Orden, denn der Orden der Prediger ist von Dominikus, wie es in den Fundamentalkonstitutionen meiner Gemeinschaft heißt, „für das Heil der Menschen gegründet worden." Von Dominikus selber sagt einer, der damals mit ihm lebte, dass „er der größte Eiferer für das Heil der ganzen Menschheit" war, den er je gesehen habe.

Auch das verstehe ich unter Nachhaltigkeit. Dieses „Gute" oder für Menschen wohltuende wird aber oftmals von der herkömmlichen Kirche nicht positiv wahrgenommen. Was ein moderner Mensch als für sich gut beschreibt, kann vom frommen Christen als sündig oder böse bezeichnet werden. Auch das sollte ein nachhaltig agierender Seelsorger sich immer wieder vor Augen halten.

Eher unbewusst leiteten mich solche Prinzipien auch bei meiner Arbeit als Studentenpfarrer. Mir gelang es, verschiedenste Menschen anzusprechen. Die „Frommen" beider großen Konfessionen, aber auch die Studierenden, die es eher locker angehen ließen. Unsere Angebote reichten vom klassischen Gottesdienst über Bildungsabende bis hin zu Festen und Partys, bei denen eher der Spaß im Vordergrund stand.

Das Haus der Studentengemeinde wurde dabei zum offenen Haus, in dem die jungen Frauen und Männer sich wohlfühlten und wo sie für die Zeit ihres Studiums so etwas wie Beheimatung fanden. Es ist sehr schade, dass dieses Haus nach meiner Zeit durch einen Neubau ersetzt wurde.

Anderseits ist besonders die Studierendenseelsorge sehr kurzlebig und ihre „Klientel" ändert sich beinahe von Semester zu Semester. Was wir damals in der Hochschulgemeinde alles so angestellt haben, um das Reich Gottes aufblühen zu lassen, wer weiß heute noch davon? Dennoch will ich diese Zeit nicht missen. Vieles, was dann später kam, konnte ich im Kleinen schon ausprobieren!

Dazu gehört auch ein Projekt, das ich zwar nicht in der Hochschulgemeinde durchgeführt habe, sondern in einer Pfarrgemeinde, in der ich damals auch noch tätig war, das mir dennoch ans Herz gewachsen ist und das mir gezeigt hat, wie man auf eine ganz besondere Art und Weise mal etwas Neues ausprobieren kann.

Zusammen mit einem lieben Menschen, der zu früh gehen musste, dem Vollblutkirchenmusiker Christian Heitkamp, habe ich zwei Kinder-Musicals konzipiert und aufgeführt. Beide Werke hatten inhaltlich einen regionalen Bezug und mit einem Doppelensemble von

Im Coronajahr 2020 auf neuen Wegen beim ersten Autogottesdienst.

jeweils 40 Kindern und Jugendlichen kamen die Stücke in einem wunderschönen Pfarrsaal jedes Mal zwei Wochen lang zur Aufführung. Die Kinder und Jugendlichen, sowie unsere erwachsenen Helferinnen und Helfer waren Feuer und Flamme. In den Musicals waren die lokalen Themen mit zentralen Aussagen des Evangeliums verknüpft. War in dem ersten Musical „Gerbert" das Thema Aufbruch und Neuanfang Thema, so war im zweiten Werk „Die Hexe von Döllen" die Beschäftigung mit falschen Vorurteilen vorherrschend.

Neue Wege zu gehen, gestaltet sich nicht einfach. Wie oft zwang mich das abrupte Ende eines Pfades, der mir zu Beginn so vielversprechend erschien, umzukehren und meine Wanderung woanders fortzusetzen. Das erfordert Mut und Fantasie. Doch schon von Anfang sind wir Christen ja Menschen des neuen Weges. Es bleibt zu hoffen, dass es innerhalb und außerhalb der Kirche noch genügend Männer und Frauen gibt, die Gott zutrauen, dass er sich auch außerhalb der ausgetretenen Pfade finden lässt.

Quintessenz:
Ich liebe es, neue Wege zu gehen. Christen sind Menschen des neuen Weges.
Gott tut gut – Nachhaltigkeit und Hilfe zum guten Leben als Ziele einer modernen Seelsorge.
Gott lässt sich finden auch außerhalb der ausgetretenen Pfade.

Ein Event?
Ich bin dabei

Unsere Zeit ist geprägt von Events. Redete man früher von „Veranstaltungen", „Vorträgen" oder „Konzerten", so sind das heute alles „Events". Das englische Wort für Ereignis wird heute inflationär gebraucht und viele reklamieren es für sich.

Die Kirche tut sich immer noch schwer mit dem modernen Begriff und verweist lieber auf „Gottesdienste" oder auf „Besinnlichkeit", die den modernen „Events" fundamental gegenüberstehen. Beim Event geht es nach amtskirchlicher Lesart um die schnelle Mark bzw. den flott verdienten Euro oder um den ekklesial überbeleumundeten „Spaß", den viele Menschen bei Events aller Art verspüren. Bei Aktivitäten der Kirche dagegen soll von vornerein kein „Spaß" aufkommen, denn dieser wird ja traditionellerweise eher mit Sünde und gottlosem Treiben verbunden und wird daher von den traditionell eingestellten Glaubenswächtern abgelehnt. „Spaß" und noch verwerflicher „Lust" haben in der Kirche gar nichts zu suchen!

Eher geht es in den Augen solcher Christinnen und Christen darum, alles, was zu kurzfristigem Vergnügen und zu Spaßerhöhung führt, „abzutöten" und sich stattdessen Dingen zuzuwenden, die zwar keine richtige Freude erzeugen, aber dennoch von ernsthafterem Charakter sind und dauerhaft wirken. Gott ist halt eine richtige Spaßbremse! So ver-

standen sollen seine Dienerinnen und Diener auf dieser Erde daher seit jeher dafür sorgen, dass die Botschaft des spaßfeindlichen Gottes sich auch garantiert im Kollektivgedächtnis der Menschen festsetzt.

Mit diesem Denken verbindet sich auch die oftmals geäußerte Ablehnung des „Eventcharakter" eines Gottesdienstes. Man könnte ein wenig überspitzt formulieren: Die Kirche scheut den Event so wie der Teufel das Weihwasser!

Andererseits hat die Kirche sich etwa bei den Weltjugendtagen auf Events eingelassen und konnte mit derartigen Aktionen sehr viele junge Menschen begeistern. Großveranstaltungen dieser Art können für die Kirche durchaus auch fruchtbaren Charakter besitzen.

Ich sperre mich schon lange nicht mehr gegen den Eventbegriff. Sicherlich ist die Frage richtig, welche Art von Event von der Kirche organisiert wird. Handelt es sich hier lediglich um ein Ereignis, das folgenlos bleibt? Handelt es sich bei der Veranstaltung bildlich gesprochen nur um ein Strohfeuer, welches zwar kurzfristig aufleuchtet, aber im Leben aller Beteiligten ohne Folgen bleibt. Ähnlich wie eine Fernsehsendung, die ich konsumiere und nach deren Konsum ich zur Tagesordnung übergehe? Oder ist der Event, der von der Kirche organisiert wird, etwas, was mich transformiert und verwandelt?

Transformation – Verwandlung ist, so glaube ich, das Kriterium, unter dem ein „Event" sogar sehr sinnvoll als Veranstaltung im Raum der Kirche organisiert wird. Events, die verändern, haben nämlich bereits eine lange Geschichte in der Kirche.

Schon lange spricht die Theologie vom Auftreten Jesu als „Christus-Ereignis". Sein Leben, seine Botschaft, seine Handlungen und seine Wunder werden zusammengefasst unter diesem Wort. Oft schaute man Jesus und sein Werk unter einzelnen Aspekten an. Dadurch „zerteilte" man in gewisser Weise Jesus Christus in einzelne Abschnitte. Ähnlich wie der Bühnenzauberer, der durch einen Trick seine Assistentin in der Kiste in zwei Teile zerschneidet. So wurde aus dem Gesamt des Jesus Christus der „Jesus der Geschichte", der „Jesus des Glaubens" oder der „Jesus der Evangelisten".

Anstelle des Versuchs, die Gestalt des Jesus Christus in seiner ganzen Fülle wahrzunehmen, zerhackte man ihn in kleine Stücke und verlor damit den Bezug zu seiner Person. Im Begriff des „Christus-Ereignisses" wird versucht, die Gestalt des Heilands in all ihrer Größe wahrzunehmen. Darin eingeschlossen ist auch die Wirkung, die von ihm auf die Gläubigen ausgeht.

Gerade in der vollständigen Wahrnehmung der Gestalt Jesu mit ausdrücklicher Bezugnahme auf die „Wirkung" Christi auf die Menschen besteht für mich ein Anknüpfungspunkt zum „Event-Verständnis" der Gegenwart. So wie die Begegnung mit Jesus Christus nicht folgenlos bleibt für diejenigen, die sich auf ihn einlassen, so bleibt auch eine Veranstaltung, die sich nicht nur auf schnellen Kommerz oder folgenloses Amüsement beschränkt, nicht ohne Wirkung für alle Beteiligten.

Ein Event in diesem Sinne zu organisieren, bereitet erstaunlicherweise oft nur wenig Mühe. So ist es uns zum Palmsonntag 2022 gelungen für die liturgische Prozession an diesem Tag zwei Esel samt ihren Halter nach Klausen zu holen. Eine kurze Nachricht in der Lokalzeitung und ein Hinweis auf unseren Social-Media-Kanälen genügten, und schon strömten am Feiertag viele Menschen in unseren Wallfahrtsort, um dabei zu sein.

Seit zehn Jahren veranstalten wir in Klausen unser Programm „Kultur in der Wallfahrtskirche", in dem wir Künstler, Politiker, Autoren oder andere interessante Zeitgenossen in und um unsere Kirche die Möglichkeit bieten, aufzutreten. Mal geschieht das mit Musik oder durch einen Talk, den ich in der Regel mit unseren Gästen führe, oder durch einen interessanten Vortrag. Die Reihe hat sich inzwischen etabliert und dadurch ist es gelungen,

Palmsonntag 2021 zusammen mit den Eseln Jakob und Louise.

die Kirche auch für Menschen zu öffnen, die vorher im Leben nicht daran gedacht hätten, noch einmal ein Kirchengebäude zu betreten, um an einer von der Kirche organisierten Veranstaltung teilzunehmen.

Durch unsere kulturellen Aktivitäten konnten wir Kooperationen mit Partnern eingehen, die auch uns noch einmal für ganz neue Themen sensibilisiert haben. Mittlerweile sind wir vernetzt mit unserem lokalen Kino, einem großen regionalen Musikfestival, einer Brauerei oder mit verschiedenen Medien. Schon dieses „Netzwerken" im Vorfeld von möglichen Veranstaltungen gehört für mich zum Event „Kultur in der Wallfahrtskirche". Wer kann bei diesem bestimmten Ereignis mit einbezogen werden, damit noch mehr Menschen erreicht werden?

Bei der konkreten Veranstaltung geschieht dann für mich der eigentliche Event:

Ein Gast trifft ein. Er lebt vielleicht in einer Großstadt und er begibt sich für einen Talkabend mit einem ihm unbekannten Pater in die Provinz in ein kleines Dorf in der Südeifel. Im Vorfeld wurden vom ehrenamtlichen Veranstaltungsmanagment Absprachen bezüglich der Unterbringung, gewisser Vorlieben des Gastes oder des genauen Ablaufs des Besuchs getroffen. Mit unserem Helferteam „Fleißige Hände" wurde der Abend gut geplant und alle sind hoch motiviert. Schon vorher wurde kräftig auf verschiedene Weise für dieses besondere Ereignis geworben. Interessierte Menschen sind bereit, eine Karte zu erwerben und haben sich an diesem Abend Zeit für den Gast und seine Themen genommen. Sie nehmen Platz in der Kirche und sind gespannt auf das, was da nun geschehen soll. Unsere Helferinnen und Helfer, erkenntlich durch ihre gelben Westen haben Ihnen dabei geholfen.

Der ehrenamtliche Veranstaltungskoordinator nimmt zufrieden zur Kenntnis, dass alles mehr oder weniger nach Plan verläuft. Medienvertreterinnen und -vertreter stehen bereit, um über den Talk zu berichten und im Hintergrund der Kirche wurde von unserer Partnerbuchhandlung ein Büchertisch aufgebaut, auf dem nach der Veranstaltung Bücher des Gastes erworben werden können, wo dieser zum Signieren oder zum spontanen Selfie zur Verfügung stehen wird.

Es ist 19:30 Uhr und der Gast betritt die „Bühne", einer Fläche vor dem Altar der Kirche, auf der zwei Sessel bereitstehen – einen für die eingeladenen Persönlichkeit und der andere für den Pater aus Klausen. Die Chemie stimmt zwischen den beiden und der Talk nimmt einen guten Verlauf: Es gibt einige Lacher, aber auch nachdenkliche Momente und zwischen allen Beteiligten – Gast, Publikum und Helfer – entsteht eine Atmosphäre, die sie positiv verändert aus diesem Abend entlässt. Vielleicht klingt ein Satz, ein Musikstück oder ein Gedanke bei jedem von ihnen noch länger nach.

Insofern kann eine solche Veranstaltung für mich gerne zum „Event" erklärt werden. Wenn dies geschieht, dann ist eine Kulturveranstaltung für mich mehr als nur ein toller Abend mit einem Promi oder ein grandioses Konzert, in dem ich mein Handy mitlaufen lasse zum

Günther Jauch im Gespräch mit P. Albert.

Zeugnis, dass ich „dabei war". Ein Gespräch, das die Zuschauer anregt im Leben etwas zu verändern, oder Musik, die mich über den Gegenwartsmoment hinausführt, ist für mich ein Event, ein Augenblick der Ewigkeit!

Natürlich kann das auch in einem Gottesdienst geschehen. Ein Wort der Heiligen Schrift, das mich anrührt, oder ein Wort des Predigers, welches mir neue Horizonte erschließt, stellen für mich natürlich auch ein Event dar. Hier weist die Liturgie über sich hinaus und zerbricht die Grenze zwischen Himmel und Erde. Ein beliebtes modernes geistliches Lied beinhaltet folgende Worte:

Bestseller-Autor Arno Strobel als Gesprächsgast in Klausen.

Wo Menschen sich vergessen/
die Wege verlassen.
Und neu beginnen, ganz neu.
Da berühren sich Himmel und Erde,
/dass Frieden werde unter uns,
/da berühren sich Himmel und Erde,
/dass Frieden werde unter uns.

Thomas Laubach
© tvd Verlag, Düsseldorf

Ziel aller kirchlichen Handlung sollte immer die hier beschriebene Begegnung zwischen Himmel und Erde sein. Ordentlicherweise geschieht das in der Liturgie, aber auch in Aktivitäten der Kirche, die explizit nicht als Gottesdienst firmieren. In einer Zeit, in der der kirchenamtliche Gottesdienst von immer weniger Menschen besucht oder gar verstanden wird, gewinnt der Event immer mehr an

Bedeutung. Events aller Art werden immer wichtiger.

Also: keine Angst vor Events – ganz im Gegenteil. Ich wünsche mir mehr Mut dazu. Der Event, sei er nun kirchlich oder von anderen Veranstaltern organisiert, ist nicht die „Schmuddelecke", in der sich nur Randexistenzen unserer Gesellschaft verirren, sondern hier findet ganz viel davon statt, wo Himmel und Erde sich berühren. Beim Event, da bin ich dabei!

Video: P. Albert im Gespräch mit Bestsellerautor Arno Strobel.

Video: „Kultur in der Wallfahrtskirche" – Kultur in Klausen begeistert.

Quintessenz:
Ein Event ist für mich sinnvoll, wenn in ihm eine Verwandlung aller Beteiligten geschieht. Vorbild ist dabei das CHRISTUS-EREIGNIS in der Liturgie oder bei anderen christlichen Handlungen.

Das Lob des schwarzen Schafs

Wenn die Amtsträger der Katholischen Kirche von sich selbst sprechen, benutzen sie in Anlehnung an die Bibel gerne das Bild vom Hirten. Natürlich ist dieser Vergleich in einer antiken Gesellschaft, die noch Wanderhirten mit riesigen Herden kannte, die auf langen Wegen durchs Land zogen, sehr sinnvoll. Zumal das Alte Israel ursprünglich aus einer solchen Nomadenkultur hervorgegangen ist. Gott in diesem Zusammenhang als den Wahren Hirten des Volkes Israel zu verehren, folgt logischerweise daraus.

Die Kirche entwickelt diesen Gedanken nun in zwei Stufen weiter. Zum einen überträgt sie im Anklang an die Hirtenrede Jesu die Vorstellung, dass Gott der Hirte seines Volkes ist auf Christus und sie geht noch einen Schritt weiter: So wie der Heiland der Gute Hirte aller Gläubigen ist, so haben alle Kleriker Anteil an dieser „Hirtensorge" des Herrn. Angefangen vom Papst, der sich gerne als der „oberste Hirte" bezeichnet, über die Bischöfe, die Pfarrer bis hin zum kleinsten Kaplan.

Daraus abgeleitet wird nun ein weiterer Gedanke: So wie auf den Klerus die Rolle der Hirten übertragen wird, so spielt man den Laien die Rolle der Schafe zu. Diese sind Objekt der vielfältigen Hirtensorge des Klerus. Die Laienschafe auf gute Weide zu führen oder sie vor „dem Wolf" zu schützen und vieles mehr, ist Aufgabe der gleichsam götter-gleich agierenden Amtshierarchen der Kirche. In einer schlechten Auslegung des Bildes eröffnen sich hier einem möglichen Machtmissbrauch viele intellektuelle und praktische Türen.

Nun sind Schafe per se keine üblen Tiere – ganz im Gegenteil. Ein Schaf ist intelligent, sehr anpassungsfähig und überaus sozial. Doch in der Wahrnehmung vieler Menschen gilt es als eher stupide („du dummes Schaf") und als absolutes Herdentier, für das Individualität keine Rolle spielt. Das einzelne Schaf geht mit seinem uniformgleichen Fell in der Herde unter.

In einem solchen Verständnis übernehmen die weiblichen und männlichen Laien die Rolle des fügsamen und in der Masse austauschbaren Schafs, das genügsam mit der Herde mitlaufen kann und sich am besten den Anweisungen der Hirten fügen sollte. Raum für Individualität oder die Offenheit für eigene Wege existiert in einem solchen Hirtenpanorama nicht.

In diesem Bild fungiert als „Guter Hirte" der Priester. Er ist der Auserwählte, der aufgrund seiner Weihe die Herde, die oft Gefahr läuft in die Irre zu gehen, auf rechte Pfade führt. Das Tagesgebet aus der Messe „der Priester für sich selbst" veranschaulicht das sehr deutlich:

Manch schwarzes Schaf erkennt man nur an seinen Socken: „Doc Caro" und P. Albert beim Gespräch.

„Gott deine Liebe ist unsagbar groß. Nicht auf Grund eigener Verdienste, sondern einzig durch deine Gnade hast du mich zum priesterlichen Dienst berufen. Hilf mir, dass ich ihn würdig und recht vollziehe und die mir anvertraute Gemeinde so leite, wie du es willst."

Die einzige Ausnahme besteht im „Schwarzen Schaf". Dieses Tier, obgleich übel beleumundet, ragt durch eine andere Fellfarbe aus der Herde heraus und zeigt in seinem Verhalten, das es nicht gewillt ist, einfach dem Trott der anderen zu folgen. Natürlich ist das „schwarze Schaf" zum geflügelten Wort geworden, denn in der Vergangenheit legte man nicht nur in der Kirche Wert auf Stromlinienförmigkeit und Uniformität. Der Raum für Individualität und einen eigenen Weg war auch außerhalb der organisierten Christenheit eng begrenzt.

Gerne zeigten die Mitglieder vergangener Gesellschaftsformen mit dem Zeigefinger auf die Frau oder den Mann, die anders waren als die übrigen und schnell sonderte die Masse Freidenker, Utopisten und Träumer gerne aus. Schnell wurde aus dem „Schwarzen Schaf" auch der Sündenbock, der mit Verwünschungen aus der Mitte verjagt wurde, und eine solche Person musste ihren eigenen Weg in vormodernen Zeiten oft auch mit dem Leben bezahlen.

Was zum Beispiel mit Frauen geschah, die alternative Wege von Heilung praktizierten und die man dann als „Hexen" denunzierte und verfolgte, zeigt augenfällig die bittere Konsequenz eines solchen schwarz-weißen Denkens.

Ich mag das Schwarze Schaf. Auf einer Postkarte fand ich den schönen Spruch:

„Es sind nicht die schwarzen Schafe, die anders sind. Es sind die weißen Schafe, die alle gleich sind! Du bist also genau richtig!"

Schwarze Schafe sind anders. Sie sind mutig. Sie gehen neue Wege, die dann oft nachher von der übrigen Herde gegangen werden. Ich habe eine Henne mit dem schönen Namen Christine. Auch sie ist ganz schwarz und unterscheidet sich schon dadurch von den meist eher braunen Vertreterinnen meiner Hühnerhorde. Christine gehört aber auch zu den sehr intelligenten Exemplaren ihrer Art. Immer wieder findet sie Wege aus dem Pferch oder dem eingezäunten Hof hinter dem Klausener Pfarrhaus. Wie oft habe ich sie schon aus dem angrenzenden Park oder Friedhof geholt. Letztens hat sie ein allen verborgenes Loch im Zaun zwischen dem Hof und dem Garten gefunden. Immer wieder musste ich sie dann aus unserem Hochbeet heben. Irgendwann habe ich sie dann beobachtet, wie sie durch das Loch im Zaun in den Bereich unseres Nutz- und Ziergartens trat. Nur sie kannte diese Stelle und kein anderes Huhn ihrer Herde hat diesen Weg benutzt. Sie ist wahrhaft ein schwarzes Schaf in Gestalt eines Huhns.

Nicht der Verzicht auf ein Glas definiert das schwarze Schaf.

59

Ein schwarzes Schaf steht zwar meist allein, aber stets unter Beobachtung.

Schwarze Schafe ecken an und nerven. Natürlich gestaltet sich vieles einfacher, wenn alle in die Richtung gehen, die ich etwa als Pfarrer vorgebe. Wie viele Diskussionen habe ich schon mit Schwarzen Schafen in den unterschiedlichsten Gremien und Gruppen geführt. Viele davon waren fruchtbar, manche führten allerdings auch nicht weiter. Auch das gehört zum Wesen eines Schwarzen Schafs dazu. Es kann sich auch verrennen und verirren.

Die Bibel ist, wie eben schon gesagt, voll von Schaf- und Hirtengeschichten. Da gibt es unter anderem bei Johannes (Joh 10) die Rede Jesu vom Guten Hirten. Gerade sie nimmt die

Kirche gerne heran, wenn sie über ihre Ämter und deren Inhaber nachdenkt.

Bei Johannes spricht Jesus klar von sich, ob er aber über den in seinem Namen auftretenden Klerus spricht, möchte ich hier einmal klar und deutlich bezweifeln.

Es gibt aber auch bei Jesus das Gleichnis des Verlorenen Schafs, dem der Hirte hinterhergeht (Lk 15,3–4):

Da erzählte er ihnen dieses Gleichnis und sagte: Wenn einer von euch hundert Schafe hat und eins davon verliert, lässt er dann nicht die neunundneunzig in der Wüste zurück und geht dem verlorenen nach, bis er es findet?

Jesus folgt dem verlorenen Schaf. Für mich ist das eine wichtige Aussage. Das verlorene Schaf würde ich mit dem Schwarzen Schaf gleichsetzen. Sein besonderes Augenmerk richtet der Gute Hirt demnach auf das eine Schaf, das ausschert und Wege betritt, die die Herde erstmal nicht geht.

Das Individuelle und Besondere stellt nicht etwas Störendes für den Hirten dar, der ein Interesse am Wohlergehen jedes einzelnen Schafes hat, sondern das Einzigartige des Schwarzen Schafes ist Anlass für ihn, diesem zu folgen. Auch wenn ein solches Interesse am Individuellen eines jeden Gemeindemitglieds natürlich im pastoralen Alltag oftmals eine Herausforderung darstellt, verpflichtet der „Gute Hirte" sein „Bodenpersonal" den Weg der Masse zu verlassen und sich dem Einzelnen zuzuwenden.

Den Seelsorgerinnen und Seelsorgern, die im Auftrag von Jesus unterwegs sind, sollte das Schwarze Schaf nicht egal sein, sondern gerade dieses besondere Exemplar soll sie herausfordern und indem sie ihm folgen, finden sie vielleicht auch neue Wege, die vielversprechender sind als die ausgetreten alten Pfade.

Vor kurzem bin ich an einer Schafsherde mit dem Auto vorbeigekommen. Weidezäune sollten verhindern, dass die Herde ausbrach und zum Beispiel auf die Straße rannte. Als ich näherkam, bemerkte ich, dass eines der Tiere den Weg nach draußen gefunden hatte und sich munter auf der Straße aufhielt. Autos hielten an und während ich noch versuchte, den mir bekannten Hirten zu alarmieren, waren einige der anderen Autofahrer schon erfolgreich damit beschäftigt den Ausbrecher wieder seiner Herde zuzuführen.

Einerseits war ich froh, denn der Verkehr auf, der zu dieser Zeit viel befahrenen Straße wäre, letztendlich dem Ausbrecher-Schaf gefährlich geworden, andrerseits tat es mir leid, denn ein Schwarzes Schaf, das in diesem Fall übrigens weiß war, hatte man wieder einmal der Herde und damit der Masse zugeführt.

Video: P. Albert mit Gespräch mit Deutschlands bekanntester Notärztin Dr. med. Carola Holzner („Doc Caro").

Quintessenz:
Achte nicht nur auf die Schafe in deiner Herde. Folge denen, die aus der Reihe tanzen!
Wer anders als die Masse agiert, weist manchmal in die Zukunft.
Ungewöhnliche Ideen bereichern unser Denken.

Wenn es keine guten Verwalter mehr gibt, stirbt die Kirche

Die Worte „Verwaltung" oder „Administration" haben keinen guten Klang in der Katholischen Kirche. Sie gelten eher als etwas Lästiges, das man am besten abstreift und in „Strukturen" verpackt, bei denen es zwar eine hauptamtliche „Verwaltungsressource" geben soll, aber diese dann letztlich an das Ehrenamt abgibt. Seelsorgerinnen und Seelsorger der Kirche sollen sich ganz und gar der „Pastoral" widmen. Die nötigen Geldmittel und die Seelsorge ermöglichenden Strukturen sollen in Zukunft von ehrenamtlichen Räten unter Anleitung eines „Profis" verwaltet und bereitgestellt werden.

Als ein Pfarrer, der schon mehr als zwanzig Jahre in der Gemeindeseelsorge tätig ist, kann ich mich über eine solche Naivität nur wundern. Ist es schon schwierig, auf der „kleinen" Gemeindeebene eines Dorfes oder eines Stadtteils genügend Frauen und Männer zu finden, die willens und fähig sind, sich in einem Kirchenvorstand oder Verwaltungsrat (die Begriffe differieren von Bistum zu Bistum) zu engagieren, um das Vermögen einer solchen kleinteiligen Gemeinde effizient unter Vorsitz eines Klerikers zu verwalten, so wird das in den nun sich neu bildenden „großen" Einheiten bestimmt noch schwerer.

Zwar gilt für mich das alte Sprichwort über Theologen zu hundert Prozent, „Religion sehr gut, Mathematik ungenügend", so können doch die Zahlen, die ich jetzt nennen werde, Aufschluss über die Schwierigkeit geben, die sich in Zukunft einer Kirche eröffnet, die ihre Verwaltung auf ehrenamtliche Schultern zu legen gedenkt.

In etwa ist der Haushalt der Gemeinde, der ich momentan (noch) vorstehe im eher unteren sechsstelligen Bereich. Kommt es nun zur Bildung der erhofften großen Verwaltungseinheit, dann muss ein Rat, vor allem gebildet aus Frauen und Männer, die sich darin ehrenamtlich engagieren sollen, das Siebenfache einer solchen Summe verwalten und verteilen. Als Geldmasse – nicht einberechnet das Personal und die Immobilien – steht also ein Budget von über 2 Millionen im Raum. Das allein kann schon als der Umsatz eines mittelständischen Unternehmens bezeichnet werden.

Zur Seite stehen sollen diesen Ehrenämtlern „Profis" aus Buchhaltung und Verwaltungswesen, doch zum einen ist hier schon seit längerem die Tendenz zu beobachten, dass in diesem Bereich massenweise Abwanderungsprozesse in andere Bereiche privater, staatlicher oder kirchlicher Verwaltung stattfinden, und zum anderen die Kirche selber durch schlechtere Bezahlung und mit der Anhäufung vieler verschiedener Aufgaben auf die noch verbleibenden Verwaltungsexperten dafür sorgt, dass das System über kurz oder lang kollabieren wird. Bevor die Kirche spirituell zusammenbricht, wird sie im Verwaltungsbereich auf breiter Front einknicken. Dieser Prozess ist nach meiner Beobachtung schon in einem weit fortgeschrittenen Zustand.

Als Pastor stehe ich mehr oder weniger tagtäglich im Kontakt zur unteren kirchlichen Verwaltungsbehörde, die für uns als Gemeinde die Buchhaltung, in gewisser Weise die Geschäftsvertretung nach außen hin und das Controlling übernimmt. Ich bewundere diese Frauen und Männer, die für die Administration unserer Pfarrei Tag um Tag ihr Bestes geben. Ich spüre aber auch ihre Überlastung, ihre Erschöpfung und ihr Gefühl von mangelnder Wertschätzung von Seiten der Bistumsleitung, aber auch der Gemeinden.

Ihr Wirken erscheint vielen als lästig und unnötig. Ihr Bestreben, das Eigentum der Kirche gut zu verwalten und sauber und klar für die vielen Kirchengemeinden zu sorgen, für die sie administrativ eine große Mitverantwortung tragen, wird von vielen nicht besonders geschätzt. Nach meinem Dafürhalten würde ich diese Verwalterinnen und Verwalter allerdings als wichtigste Säule für die reale Präsenz der Kirche in den Dörfern und Städten unseres Landes bezeichnen. Ohne sie ginge es in unserer heutigen komplexen Verwaltungs- und Wirtschaftswelt nicht mehr!

Klar, Seelsorge ist wichtig, aber die Pastoral lebt nicht nur von Luft und Liebe. Es braucht Gebäude, Menschen, Telefon, Internet oder Strom und noch vieles mehr. Damit eine Seelsorgerin oder ein Seelsorger mehr oder weniger selbstverständlich auf all das zurückgreifen kann, bedarf es einer guten Verwaltung, die ihnen dies alles zur Verfügung stellt.

Jesus selber spricht ein Wort über den klugen Verwalter (die Tradition bezeichnet ihn allerdings als „ungetreuen" Verwalter):

Und der Herr lobte den ungetreuen Verwalter, weil er klug gehandelt hatte; denn die Kinder dieser Welt sind unter ihresgleichen klüger als die Kinder des Lichts. Und ich sage euch: Macht euch Freunde mit dem ungerechten Mammon, damit, wenn er zu Ende geht, sie euch aufnehmen in die ewigen Hütten. (LK 16,8–9).

Leider wird der Verwalter als „ungerecht" klassifiziert, aber nur weil er den Armen und den Notleidenden „mit Geldgeschenken" unter die Arme gegriffen hat. „Klug" nennt ihn der Herr, weil er dadurch helfen konnte und in meiner Auslegung zum Freund der Hilfsbedürftigen geworden ist.

Verwaltung ermöglicht pastorales Handeln. Insofern ist auch die Verwaltung „Teil" der kirchlichen Pastoral. Viele der Besitztümer der Kirchengemeinden, Bistümer oder Orden stammen aus Erbschaften, Geschenken oder eben aus der Kirchensteuer. Dieses Vermögen befindet sich nicht „im Besitz" eines Bischofs, Pfarrers oder eines Gremiums. Sondern sie alle verwalten dieses Vermögen für das Volk Gottes. Sie sind also Dienstleister für alle, die im guten Glauben ihnen Geld, Immobilien oder andere Vermögenswerte anvertrauen.

Oft fällt in die Verantwortung solcher kirchlichen Verwaltungen auch das Personalwesen. Besonders hier gilt es im Sinne einer Fürsorge für ein Wohlergehen der vielen zu handeln, die im kirchlichen Salär stehen.

„Vermögen" ist ein schönes Wort. Steckt doch darin eben auch das Ermöglichen und zur Verfügung stellen. Erst eine gute kirchliche Verwaltung ermöglicht eine weitflächige und innovative Seelsorge. Dafür braucht es Profis, die sich in der komplexen Materie von Wirtschaft und Verwaltung auskennen. Ohne sie geht es nicht. Auch für diese Verwalterinnen und Verwalter trägt die Kirche Sorge.

In der Vergangenheit war es vor allem die Kirche, die im Gegensatz zum Staat durch eine gute Verwaltung überzeugen konnte. War es doch u. a. die Kirche, die aufgrund ihrer vorbildlichen Administration die Stürme der Völkerwanderungszeit überleben konnte und die so im Mittelalter erst zu der (mit-)bestim-

Ist die Sekretärin mal nicht da, muss der Pater selber ran.

menden Größe aufsteigen konnte, unter der wir sie heute wahrnehmen.

Heute scheint die Kirche ehr antiquiert zu sein. Auch vieles an ihrer Verwaltung hat oftmals einen muffigen vormodernen Charakter. Der Besuch eines bischöflichen Ordinariates oder eines Generalvikariates (auch die Namen für die obersten Behörden der Bistümer unterscheiden sich von Region zu Region) kann einen modernen Menschen gleichsam in der Zeit zurückversetzen: So wie es zur Zeit des Absolutismus üblich war, gilt es zu „antichambrieren" (ein Begriff aus der Ba-

Hier laufen alle Stränge seines Seelsorgebereichs zusammen: P. Albert vor seinem Pfarrhaus in Klausen.

rockzeit, der in etwa so etwas heißt wie Vorzimmerpflege), um zum Fürsten zugelassen zu werden, oder Sie erhalten eine lebendige Anschauung von Franz Kafkas „das Schloss". In diesem Roman beschreibt der Autor eine nie enden wollende Anzahl von Vorräumen, in denen man nie ans Ziel kommt.

Eine gute Verwaltung bietet kompetente Ansprechpartnerinnen und -partner und Lösungen, die der gegenwärtigen komplexen Wirklichkeit von Wirtschaft und Administration standhalten können. Leider verfehlt die Kirche auf vielen Ebenen diesen Anspruch und sie lässt oftmals die Frauen und Männer im Stich, die sich besonders im Bereich der Verwaltung mit ihren besten Kräften bemühen, den drohenden wirtschaftlichen Kollaps des Systems zu verhindern.

Quintessenz:
Eine gute Verwaltung ermöglicht eine nachhaltige und innovative Seelsorge.
Vor dem spirituellen Ruin droht der wirtschaftliche Kollaps der Kirche.
Die Frauen und Männer in der kirchlichen Verwaltung verdienen allen Respekt
und alle Wertschätzung.

Reste?
Mag ich nicht!

Im Kloster geschieht es in größeren Häusern häufig, dass mittags Essen übrigbleibt. Oft werden dann diese Reste abends wieder erwärmt und den Mitbrüdern zum Verzehr angeboten. Hierbei handelt es sich per se gerade im Hinblick auf das moderne Konsumverhalten um eine vernünftige Praxis. „Per se" steht allerdings in diesem Fall im Gegensatz zu meinem Geschmacksempfinden. Aufgewärmtes Essen sagt mir nur in seltenen Fällen wirklich zu (Ausnahmen sind meistens Suppen). Altes Essen vom Mittag oder vom Vortag schmeckt oft fad und wirkt wenig appetitanregend – ich verfüttere es lieber an meine Hühner.

In der Kirche wird oft davon geredet, dass die gegenwärtige Entwicklung der Abkehr großer Massen von der Glaubensgemeinschaft etwas Gutes an sich hat. Ballast würde so abgeworfen, man schrumpfe sich gesund und so bleiben diejenigen bei der Stange, die es mit ihrem Glauben wirklich ernst meinen. Der „Heilige Rest" der wahren Frommen bleibt erhalten und dies ist doch eine gute Entwicklung. Demzufolge wird die Vorstellung einer „Volkskirche" zugunsten der elitären Kleingemeinde verworfen.

Weg mit den Vielen – es leben die Wenigen! So könnte man frei formulieren. Im Denken solcher Kirchenstrategen erscheint die gegenwärtige Lage der Kirche weniger als Verfall und Niedergang als vielmehr als notwendiger Rückbau und taktische „Frontbegradigung". Sie begrüßen die mangelnde Resonanz der kirchlichen Verkündigung und wähnen sich glückseligen Zeiten entgegen, in der die zur sektenhaft kleinen Anzahl geschrumpfte einstmalige Großkirche die wahren Jüngerinnen und Jünger Christi um sich schart.

Der Heilige Rest leuchtet hier als Vorbild, um eine mögliche Zukunft der Kirche zu beschreiben. Auf mich wirkt dieses Bild allerdings wenig attraktiv. Für mich handelt es sich dabei um eine Mogelpackung. Denn die Ästhetik dieses Bildes zeigt sich in einem anderen Licht gesehen als die einer Sekte. Eine verschworene und zu allem bereite Gruppe von fanatischen Ideologen – ist das nicht auch die Vision von Fanatikern gleichjeder Couleur? Der Heilige Rest als isolierter und von der gesellschaftlichen Realität abgekoppelter Club von Besserwissern schreckt mich eher ab, als dass diese Vorstellung in mir Begeisterung hervorruft.

Auch wenn ich mich nicht als „Massenmensch" bezeichnen würde, bin ich doch gerne Teil der Gesellschaft, in der ich lebe. Die Mehrheit der Menschen, die wie ich das Glück haben, in einem Teil der Welt ihr Dasein zu verbringen, welcher sich mit den Worten „demokratisch", „liberal" und „offen" beschreiben lässt, empfinden dies nicht als

Fütterung der Raubtiere: P. Albert bei seinen Hühnern und Enten.

Bürde, die es zu überwinden gilt, sondern erfreuen sich darüber. Ich hege ein wenig den Verdacht, dass diejenigen, welche sich erhoffen, sich im Kleinen zu „erneuern", auch endlich wieder eine uneingeschränkte Autorität herbeisehnen, der man sich unterwerfen oder die man ohne einen Hauch von Demokratie und Kontrolle ausüben kann. Damit scheint über dem Heiligen Rest nur noch ungebrochen die Sonne Gottes.

Tatsächlich scheint die Katholische Kirche größere Probleme mit der Demokratie zu besitzen als sie gerne nach außen hin bekundet.

Auf den verschiedenen Bühnen der Welt tritt sie gerne für Freiheit und Volksbeteiligung ein. Aber was „die Welt" oder „den Staat" angeht, das gilt für sie im Innern selbst nicht. Lässt sich doch ihre innere Struktur eher mit den Attributen Autorität und monarchisch-absolutistisch beschreiben. Denn in allen Fragen besitzt der Papst eine uneingeschränkte Letztinstanz.

Von den Verteidigern einer Zweiteilung der Wirklichkeit in ein zu vernachlässigendes demokratisches Außen und ein wichtiges zu beachtendes autoritäres Innen wird behauptet, dass in Glaubens- und Moralfragen die Demokratie nicht zum Tragen kommen darf. Nur die Hüter dieser vermeintlichen Tradition könnten aufgrund ihrer meist durch eine „Weihe" übertragene Verbindung zum Heiligen Geist darüber entscheiden, was Gott von seiner Kirche wolle. Ein rascher Blick in die Bibel und der älteren Tradition verweist ein solches Denken in den Bereich der Wunschvorstellungen.

Richtig ist zwar, dass Christus seine Apostel auswählt, aber als einer von ihnen – Judas – sich durch Verrat aus der Gemeinschaft der Zwölf ausschließt, wird das neue Mitglied dieses hohen Gremiums durch „Los" bestimmt (Apg 1,23–26). Kein Papst beruft hier Matthias in den Kreis der Apostel, sondern eine wie auch immer geartete Wahl. Ebenso stand am Anfang des Christentums eher eine kollektiv ausgeübte Form der Macht, als dass eine Person eine universelle Kontrolle über die Geschicke der Kirche hatte, wie heute der Papst als Oberster Hirte der Universalkirche und in seinem Gefolge die Bischöfe in derselben Funktion wie er in ihren Diözesen.

In diesem Buch soll es nicht um Kirchengeschichte gehen. Natürlich gab es für die Entwicklung Gründe und unsere heutige Situation unterscheidet sich sicherlich klar und deutlich von der des Ersten Jahrhunderts, aber frech zu behaupten, dass demokratische und kollektive Elemente von jeher der Kirche und dem christlichen Denken fremd wären, ist grundsätzlich falsch.

Auch das Beispiel der Orden wäre in diesem Zusammenhang zu nennen. Besonders der Dominikanerorden, zu dem ich gehöre, praktiziert seit 1215 das Prinzip „Demokratie in der Hierarchie". Bis zur Spätantike war es üblich, dass das Volk einen Bischof wählte. Die Legende des hl. Martin v. Tours oder des hl. Ambrosius v. Mailand zeigen sehr eindrucksvoll, dass „das Volk" eine gewichtige Rolle bei der Wahl eines Episkopus als Leiter eines Bistums trug.

Es gibt also viele Gründe für die Kirche, sich mutig auf die Zeit einzulassen und dem Impuls der abendländischen Kultur zu folgen und sich für mehr Demokratie und mehr Mitbeteiligung zu öffnen. Mit dem Slogan „mehr Demokratie wagen" hat Willy Brandt einstmals die Wahl zum Bundeskanzler gewonnen. Es folgte ein Jahrzehnt von Öffnung und mehr Toleranz in der damaligen Bundesrepublik. Ein ermutigendes Beispiel auch für die Katholische Kirche.

Einhergehend mit der toleranten Haltung der siebziger Jahre war auch eine ungeahnte Blüte von Kultur und z. B. auch die Öffnung akademischer Bereiche für Menschen, die damals gesellschaftlichen Schichten angehörten, die man heute als „bildungsfern" bezeichnet. Auf einmal gab es „Volksparteien" anstatt der bis dahin üblichen politischen „Klientelvereine" und mehr und mehr Menschen nahmen am gesellschaftlichen und politischen Leben teil.

Nicht zufällig fand kirchlicherseits in dieser Zeit die „Würzburger Synode" statt, deren weitreichender Reformwille letztlich an der arroganten Nichtwahrnehmung durch die römische Zentrale scheiterte. Am Ende dieser Periode begann, eingeläutet von Papst Johannes Paul II., dann die kirchliche Restauration, die bis heute andauert.

Vielleicht gibt es auf der Welt gegenwärtig Gegenden, in denen autoritäre und diktatorische Regime neu aufblühen. Doch besteht für eine Institution wie die Katholische Kirche, die an der Entwicklung des abendländischen Menschenverständnisses und damit auch dem Gedanken der Partizipation so regen Anteil genommen hat, wirklich eine Option, einem Hang des Menschen zu folgen, der sein Heil darin sucht, sich ohne Kompromisse an einen starken Führer oder eine Führerin zu binden? Für mich gibt es da nur eine klare Antwort und die lautet: nein!

Deshalb versuchen wir in Klausen z. B. mit Kulturveranstaltungen Menschen anzusprechen, die der Kirche schon längst den Rücken gekehrt haben. Mein Engagement für meine Mitgeschöpfe sehe ich auch als Versuch, die Seelsorge über den Tellerrand des Üblichen auszubreiten. Besonders auch in der Begegnung mit den verschiedenen Pilgerinnen und Pilgern innerhalb der Wallfahrt erfahre ich z. T. bei ihnen eine große Distanz zum institutionalisierten Christentum. Auf einer Pilgertour erfahren viele Gott noch einmal anders als bei den traditionellen Angeboten der Kirche.

Der Tendenz zum Heiligen Rest hin nachzugehen, hieße für mich, sich mit der Existenz einer Sekte zufrieden zu geben und den Anspruch Christi auf positive Weltveränderung aufzugeben (vgl. Mt 28,19).

Reste schmecken selten gut und sie entbehren in der Regel jeder Kreativität. Hieße es nicht auch, sich nur mit dem Gegebenen abzufinden und nicht mehr auf das Wirken des Heiligen Geists zu vertrauen?

Um den heiligen Rest herum wird es einsam.

Quintessenz:
Reste von gestern schmecken selten.
Der „Heilige Rest" ist keine zukunftsfähige Option und führt in die Sektenkirche.

Ja, ich bin
ein Traditionalist!

Tradition wird großgeschrieben in der Katholischen Kirche. Sie stellt neben der Heiligen Schrift eine der Quellen der Gotteserkenntnis dar. Aus diesem Grund berufen sich vor allem konservative Kirchenmänner und -frauen gerne auf die Tradition. Die Tradition muss dann für alles herhalten, was solche Leute für richtig halten: Weiterführung des Pflichtzölibats, maskulines Amtspriestertum, keine Beteiligung von Laien an der Kirchenleitung und vieles mehr. Kritikern dieser Haltung wird dann vorgeworfen, sie seien Neuerer, die etwas in der Kirche einführen wollen, was es vorher nicht gegeben habe. Reformer sind aus dieser Sichtweise heraus immer Traditionsbrecher.

Wenn ich eine solche Haltung bedenke, dann muss ich immer an eine Zeile aus dem Pippi-Langstrumpf-Lied denken, „ich mach mir die Welt, wie sie mir gefällt." In Wahrheit ist die Wirklichkeit und auch das, was wir Geschichte oder Tradition nennen, ungemein komplexer. So einfach und linear, wie die Apologeten der gegenwärtigen restaurativen Linie der Katholischen Amts-Theologie es darstellen, verlief die Geschichte der Kirche nicht. Es hätte auch immer anders kommen können bzw. viele der Vorschläge, die uns heute als Lösungen der aktuellen Kirchenkrise aufscheinen, waren schon einmal da. Leider steht demgegenüber die immer noch andauernde Wirkmächtigkeit des 19. Jahrhunderts. Nach dem Zusammenbruch der Kirche infolge der Französischen Revolution und dem Aufstieg Napoleons hat der Katholizismus sich gleichsam neu erfunden. Dies ist in der Tat eine erstaunliche Geschichte. Da dies hier kein kirchengeschichtliches Sachbuch ist, kann hier nur ein kurzer Aufriss dieser atemberaubenden Neukonzeptionierung von Kirche und Theologie aufgezeigt werden.

Wer sich in der Theologie und der Kirchengeschichte ein wenig auskennt, der weiß: vieles von dem, was heute aufgrund des Traditionsarguments von den Hütern einer solchen konstruierten dreisten Kontinuität als für unmöglich erklärt wird, war einmal als gelebter Glaube da. Sei es die Möglichkeit einer kirchlichen Ehescheidung, die vor der verhängnisvollen Bitte des englischen Königs Heinrich VIII. an den Papst immer mal wieder möglich war, seien es verheirate Kleriker (noch in der Heiligen Schrift „mahnt der Verfasser des Ersten Briefes an Timotheus seine Leser: „Wer das Amt eines Bischofs anstrebt…soll ein guter Familienvater sein"[2]) oder die Beteiligung des „Volkes" an der Wahl eines Bischofs.

Einer der Haupttreiber dieser „Neuerfindung" der Katholischen Kirche im vorvergangenen Jahrhundert war Papst Pius IX. In einer nie dagewesenen Weise peitschte er etwa die zum Dogma erhobene Unbeflecktheit Mariens nach vorne, ohne die traditionellen Vorgaben zu

[2] cf. 1 Tim 3,1–7

Eine schöne neue Tradition: mit allen Kindern um den Altar.

beachten, die dazu gehören, dass eine theologische Lehrmeinung zum Lehrsatz erhoben wird.

Mit dem alles sagenden Satz „die Tradition bin ich" setzte er schließlich auch 1870 noch die päpstliche Unfehlbarkeit durch. Seitdem kann man die Verfassung der Kirche mit der einer absolutistischen Wahl-Monarchie vergleichen, die jede flexible Neuausrichtung auf die Zukunft erheblich erschwert.

In einem solchem Denken wandelt sich der Begriff „Tradition" zur Ideologie, in der die Macht auf wenige Vertreter beschränkt wird und in der am besten alles so bleiben soll, wie es ist. „Ich will so bleiben wie ich bin",

so lautete vor Jahren der Slogan eines Herstellers von Diät-Produkten. Einigen Vertretern des Hohen Klerus, die krampfhaft an ihrer Macht festhalten, scheint ein solcher Spruch nahezu auf den Leib geschneidert zu sein.

Die wahre Tradition ist allerdings etwas ganz anderes. Sie deckt fast 2000 Jahre Kirchengeschichte ab. Sie birgt in sich einen immensen Reichtum an pastoralen, theologischen oder liturgischen Möglichkeiten, mit denen wir mutige Schritte in die Zukunft gehen können, ohne dass wir damit „das Rad neu erfinden" müssen, sondern wir durchaus im Einklang mit einer schon einmal dagewesenen Praxis der Kirche stehen.

Gemeindeleitung etwa durch Frauen? Die gab es schon in der jungen Kirche. Verheiratete Kleriker? Siehe oben! Wortgottesdienste in einer reichen Fülle? Auch sie gab und gibt es bis heute. Dies ist nur eine kleine Auswahl von Möglichkeiten, die in Einklang mit der Tradition stehen. Es gilt immer neu, diesen Schatz zu entdecken und sich von den allzu engen Vorgaben eines ideologischen Kastendenkens zu befreien.

Ja, ich bin ein Traditionalist! Ich stehe zum Amtspriestertum als typisch katholisches Wesensmerkmal einer zeichenhaften und kirchlichen Vermittlung von Gottes liebender Gegenwart. Allerdings verstehe ich es nicht, warum man die kirchlichen Weiheämter, von denen es übrigens früher noch sehr viel mehr gab, nicht öffnet für Frauen. Auch die Beschränkung der Erteilung der Weihe auf Menschen, die auf Ehe und Partnerschaft verzichten, ist für mich kaum nachvollziehbar und stellt für mich einen eklatanten Traditionsbruch dar, wie so vieles anderes, was uns heute als höchst traditionell verkauft wird.

Als Dominikaner liegt mir eine Verkündigung des Evangeliums am Herzen, die nicht durch eine zusammengeschusterte Fixierung auf die Vergangenheit geprägt ist, sondern die offen ist für die Gegenwart und die im Einklang mit einer vielgestaltigen und vielschichtigen Tradition steht.

Ich kann nur empfehlen, offen für eine solche Tradition zu sein und sich nicht von den Vertretern einer ideologischen „Hofgeschichte" einreden zu lassen, mutige Schritte in die Zukunft stellen einen Bruch mit dem Glauben der Vorzeit dar.

Als überzeugter Traditionalist und von daher auch als durch und durch Konservativer versuche ich mein seelsorgerisches Handeln immer im Einklang mit der vollen Geschichte zu gestalten. Mein Wunsch ist es, dass diese reiche Tradition vielen Christinnen und Christen zugänglich ist.

Quintessenz:
Vieles an den von Verteidigern der derzeitigen vorherrschenden Amtskirchentheologie als „Tradition" bezeichneten Grundsätzen ist erst im 19 Jahrhundert erfunden worden. Tradition schließt die ganze Fülle kirchlichen Lebens aller Jahrhunderte ein. In diese Tradition möchte ich mich stellen!

Gott ist ein Spieler und er sucht Mitspieler

Ich gebe es gerne zu.
Als Spieler tauge ich wenig!

Schon im Sportunterricht gehörte ich immer zu denen, die als letzte ausgesucht wurden. Warum auch immer, mir fehlte oft der Drang, mich im Spiel anzustrengen und für das Team einen Sieg herauszuholen. Natürlich kam und kommt dazu auch noch die schiere Unfähigkeit, sich sportlich zu bewegen. Ich kurvte bei den Noten im Fach Sport oder „Turnen" (wie es noch in meiner Grundschulzeit hieß) immer leicht um 5 herum und durch irrwitzige Hechtsprünge, „Todesgrätschen" oder ähnliche Kamikaze-Aktionen, die gegenüber den Sportlehrerinnen und -lehrern meine Leistungswilligkeit zeigen sollten, rettete ich mich immer noch auf eine 4. Anders wie viele meiner Mitschülerinnen und -schüler hätte ich gut auf das Fach Sport verzichten können.

Bei Brett- oder Gesellschaftsspielen war und ist das etwas anders. Da spiele ich zwar gerne mit, aber ich gehöre zu denen, die da mitmachen der Freude an der Gemeinschaft wegen. Gewinnen muss ich allerdings nicht. Klar, ein Sieg freut mich schon, aber diesen bis zum letzten zu suchen, liegt mir fern. Deshalb gibt es Menschen, die mich zwar gerne in solche Spielrunden einladen, die aber dann oft an meiner Haltung schier verzweifeln.

Trotzdem spiele ich gern. Als Kind gelang es mir mühelos, aus einer Ansammlung von Legosteinen mir ganze Weltraumstationen samt Raumschiffen zu bauen und mich in deren Geschichten zu verlieren. Ein Laken reichte mir zu dieser Zeit dazu, mich in als x-beliebige historische Figur zu verkleiden, oder ein leeres Blatt Papier verlockt mich bis heute dazu, beim Zeichnen in Fantasiewelten abzutauchen. Als Kinder kletterten wir auf den Bäumen herum und fühlten uns wie Robin Hood und seine Gefährten. Noch als heranwachsende Jugendliche benutzten wir sehr kreativ das Medium der Tonbandcassette oder den aufkommenden Videorekorder mit all seinen Möglichkeiten, um Hörspiele, Nachvertonungen oder andere anarchisch-chaotische verspielte Werke zu produzieren, die uns viel Spaß bereiteten und auf unsere Eltern sicherlich eher albern-kindisch wirkten.

In diesem Sinn erfahre ich mich bis zum heutigen Tag als Spieler und noch nicht erwachsenes Kind. Mein Beruf als Priester bot mir oft viele Gelegenheiten, bei denen ich diesen Spieltrieb zugunsten der Sache Christi ausleben konnte.

In meiner Zeit als Kaplan in einer Großstadt zog ich mit den Messdienern während der Gruppenstunden durch die Nachbarschaft und spielte mit ihnen „Räuber und Gendarm"

Zwei Spielkinder im Einsatz.

Bedingt durch die Corona-Krise habe ich begonnen, Filme fürs Internet zu drehen. Mittlerweile habe ich mir die Fähigkeit angeeignet, diese zu schneiden, zu vertonen und ins Internet zu stellen. Auch das stellt für mich ein spielerisches Element meines Berufes oder sollte ich nicht besser sagen Berufung dar. Die Liturgie und auch so mancher Aspekt unseres Kulturprogramms bilden für mich bis heute eine Art „Spielwiese".

Glücklicherweise ticken viele Menschen wie ich und finden die Spielwiesen, die sie benötigen. Sei es im Sportverein, bei einem Hobby oder sogar in ihrem Beruf. Einer meiner ältesten Freunde, der bis heute ein begnadeter Stimmenimitator ist, findet den Ausgleich zu seinem eher nüchternen Beruf als Verwaltungsbeamter zusammen mit seiner Frau in einer Theatergruppe. Hier hat seine kreative Energie Raum und kann sich zum Wohle seiner Mitmenschen entfalten.

oder „Schnitzeljagd". Keine Hecke oder Kellerabgang war vor uns sicher, wenn wir loslegten. Da ich selber handwerklich nicht begabt bin, baute man mir ein Kasperletheater, in dem beim Pfarrfest die Mädchen und Jungen der Pfarrjugend von mir geschriebene Stücke aufführten, bei denen ich auch Regie führte.

Noch heute habe ich noch jedes Krippenspiel in Klausen selbst verfasst und bin immer noch bei der Regie beteiligt. Auch die Texte zweier Kinder-Musicals stammen von mir. Die Proben und die Aufführungen dieser Stücke, bei denen 40 Kinder, Jugendliche und Erwachsene beteiligt waren, stellen für mich bis heute einen Höhepunkt in meinem Leben dar.

Betrachte ich die Schöpfung in ihrer überborstenden Vielfältigkeit und den Reichtum an Formen, Farben und Gestalten, so muss ich feststellen, dass auch Gott als Schöpfer ein großer Spieler ist. Viele der Arten, die im Rahmen seiner Schöpfung entstanden sind, existieren nicht mehr. Ich denke hier zum Beispiel an die Dinosaurier oder große Säugetiere wie die Mammuts, riesige Bären oder Faultiere. Immer wieder verändert sich das Angesicht

Das Spiel beginnt – auf die Plätze, fertig, los!

der Erde. Aus einem riesigen Urkontinent haben sich die heutigen Erdteile entwickelt. Wo heute Waldlandschaften sich erstrecken, bestand in Urzeiten einmal ein Meer, das uns seine Ablagerungen hinterlassen hat.

Gott ist ein Spieler und immer neu experimentiert er mit Formen und Farben und verleiht seinen Geschöpfen immer neue Gestalten und Erscheinungsarten. Ich wage an dieser Stelle zu behaupten, dass er selbst seiner Schöpfung in der Geschichte bis heute auch in verschiedenen Gestalten erscheint, die uns immer nur ein Teil seines Seins zeigen. Das Ganze könnten wir wohl kaum fassen!

Wenn schon die Schöpfung ein Spiel Gottes ist, das sich immer um seiner selbst willen neu entwickelt, dann sollten wir auch keine Angst haben, uns als spielende Menschen zu begreifen. Mit dem lateinischen Begriff *Homo ludens* (der spielende Mensch) versuchen Philosophen die Art und Weise zu beschreiben, wie der Mensch seinen Ort in der Welt findet. Manches spricht für die Theorie, dass wir im Spiel lernen und verstehen und so unser Leben meistern können. Ohne all zu tief in diese Diskussion einzusteigen, können wir auf jeden Fall feststellen, dass das spielerische Element beim Verständnis unseres Mensch-Seins nicht nur im Glauben eine wichtige Rolle spielt.

Auch die Liturgie wird seit alters her als „Heiliges Spiel" verstanden. Im „Nachspielen" und „Nachahmen" treten wir beim Gottesdienst näher an das Geheimnis Gottes heran, das sich uns bei der Feier der Heiligen Geheimnisse näher erschließen will. In jeder Zeit gelten dabei freilich andere Spielregeln und immer wieder gilt es neu zu entdecken, durch welche spielerischen Elemente wir in die Mysterien des Schöpfers eintauchen können.

Gott ist ein Spieler und er sucht Mitspieler. Spielen wir mit und seien wir mutig, uns auf den experimentierfreudigen Gott einzulassen. Das Prinzip „Trial und Error" können wir getrost auch auf das Spiel Gottes anwenden, denn er handelt ja auch danach in Bezug auf seine Schöpfung. Mut zum spielerischen Versuch beim Gottesdienst, bei der Seelsorge oder beim helfenden Handeln an den Nächsten (Caritas).

Oft erlebe ich die ängstliche Frage, „darf ich das überhaupt", wenn es darum geht, etwas Neues in der Kirche auszuprobieren. Mit bangem Blick schauen dann ansonsten im Alltag gestandene Männer und Frauen auf den Pfarrer oder den Bischof, wenn es gilt, etwas in der Pfarrei oder der kirchlichen Gruppe zu beginnen, was es vorher so noch nicht gab. Besonders die Katholische Kirche besitzt die eigentümliche Gabe, dass sich ihre Mitglieder in Bezug auf Innovationen und Neuerungen gegenüber ihrer hierarchischen Obrigkeit wie „weisungsbefugte" Sklaven verhalten und es oft an Eigeninitiative und selbständigem Handeln fehlen lassen.

So wie die Schöpfung ein „Spiel" Gottes ist, die auch offen ist für immer neue Versuche, das Wunder des Lebens weiterzugeben, so sollte auch kirchliches Handeln zum einen immer eine spielerische Komponente haben und zum anderen offen dafür sein, dass auch einmal etwas nicht so klappt.

Als ich noch Studentenpfarrer war, habe ich für die Studierenden eine Wallfahrt geplant. Ich konnte sogar unseren Bischof davon überzeugen, uns auf dem Pilgerweg zu einem lokalen Marienheiligtum zu begleiten. Ich habe kräftig Werbung für die Aktion getrieben und viele der Studierenden angesprochen. Besonders betont habe ich die Tatsache, dass auch der Bischof kommt und uns unterstützt. Am Ende kamen weniger als zehn Teilnehmerinnen und -nehmer inklusive Bischof. Der ließ sich aber trotz der geringen Zahl voll und ganz auf die Wallfahrt ein und hatte seine Freude, mit uns zu pilgern. Diese positive Haltung meines „Chefs" habe ich als sehr ermutigend wahrgenommen und bin ihm bis heute noch sehr dankbar dafür.

Einfach einmal Dinge ausprobieren und den Mut haben, etwas Neues anzufangen. Lese ich das Evangelium, dann kann ich diese Einstellung durchwegs bei Jesus finden. Sein Wort der „Umkehr" deute ich vor allem so, dass er seine Jüngerinnen und Jünger auffordert und sie darin bestärkt, bekannte Pfade zu verlassen und neue Wege zu suchen.

Wenn Christus etwa zu einem sagt, der sich noch von den Seinen verabschieden will, bevor er ernst macht mit der Jesus-Nachfolge, „keiner, der die Hand an den Pflug gelegt hat und nochmals zurückblickt, taugt für das Reich Gottes" (LK 9,62), dann heißt das: Schau nicht zurück auf das, was du früher getan hast, sondern sei offen für das Neue! Damit verbunden ermutigt er uns, nicht alles nur bierernst zu betrachten, sondern mit Humor und die Sache spielerisch anzugehen.

Gott ist ein Spieler und wir sollen es mit ihm auch sein. Haben wir einfach den Mut dazu!

Quintessenz:
Das Leben ist ein Spiel, der Glaube auch.
Gott ist ein Spieler, der uns zum Mitspielen einlädt.

Nur wer
im Spiel bleibt,
kann auch mitspielen!

Jedes Quartal kommen die „Horrorzahlen". Das sind die vor dem Standesamt erklärten Austritte von Männern und Frauen. Darunter befinden sich Menschen aller Altersgruppen bzw. Mitglieder aller Gesellschaftsschichten, die diesen für uns als Glaubensgemeinschaft traurigen Schritt vollziehen. Was die Kirchen mit dem Kirchenaustritt erleben, ist – so bitter das klingt – eine Abstimmung mit Füßen. Diese Zahlen stellen eine Quittung für eine Wirklichkeitsverneinung breiter Kreise der Kirche und ein Versagen der Amtsträger angesichts des Missbrauchsskandals dar. Viel Vertrauen wurde da verspielt!

Da ich diese Zeilen schreibe kommen die neuen Zahlen für ganz Deutschland herein. Im vergangenen Jahr (2022) haben 360.000 Menschen die Katholische Kirche verlassen. Ein Rekordhoch, das seinesgleichen sucht. Eine Zahl, die der Größe einer mittleren deutschen Großstadt entspricht.

Zu diesem traurigen Phänomen der Kirchenaustritte, die es übrigens nur in Deutschland und in Österreich aufgrund der Kirchensteuer gibt, gesellt sich in jüngster Zeit eine weitere Auffälligkeit hinzu. Nicht nur „normale" Kirchenmitglieder verlassen die „Kirchensteuergemeinschaft", sondern immer mehr Amtsträger. Einer der prominentesten Vertreter dieser Gruppe ist der vormalige Generalvikar des Bistums Speyer, der sogar ein Buch mit dem vielsagenden Titel „Ich muss raus aus dieser Kirche" veröffentlicht hat.

Unter den nicht so prominenten Ausscheidern aus der Kirchengemeinschaft befinden sich auch viele Männer und Frauen, die in der Vergangenheit das Spiel der Kirche auch als ehrenamtlich Aktive entscheidend mitgetragen und ermöglicht haben. Immer mehr Spieler verlassen das Spiel. Es wird immer einsamer um die noch auf dem Feld verbleibenden Aktiven, deren Spiel zusehends für die Öffentlichkeit immer uninteressanter wird.

Zum Exodus der Mitspielerinnen und -spieler kommt ein weiteres Phänomen hinzu: vor lauter Frust über immer mehr, die das Spielfeld verlassen, wächst die Tendenz, sich nur noch um das eigene oft eher bescheidenere Spiel zu sorgen. Blicke auf die anderen oder ein mutiges Schauen über den Tellerrand werden sich nicht mehr erlaubt. Eine Folge: Statt Champions League spielen die Katholiken in Deutschland nur noch Kreisliga!

Stellten gerade die deutschsprachigen Katholiken in der jüngeren Vergangenheit oftmals die international anerkannten „Aushängeschilder" wissenschaftlicher Theologie, die mit mutigen Forschungen und Neuansätzen Hoffnungen bei den Menschen erweckten, dass es letztlich der Katholischen Theologie doch noch gelänge, sich auf die Gegenwart einzustellen, so wird die akademische Glaubenswissenschaft und ihre angestammte Rolle als „Vordenkerin" und Entwicklungsfeld von der Institution Kirche kaum noch wahrgenommen.

Oft wurden und werden unbequeme Theologinnen und Theologen entweder durch sogenannte „lehramtliche Anordnungen" mundtot gemacht, wie es etwa der traurige Fall Drewermann zeigt, den man letztendlich aus der eigenen Kirche getrieben hat, oder man wandte eine andere altbewährte Taktik an, indem man die meist männlichen Theologen mit Priesteramt in die Hierarche eingliederte und sie somit zum Teil des Machtsystems mutierten. Wer erst Teil des Establishments ist, der wird nimmer mehr zur Revolution aufrufen! Auch hier ließen sich prominente Namen nennen, doch die können sich die Leserin oder der Leser selbst dazu denken.

Eine Folge solchen Handelns ist eine Verflachung der akademischen Theologie und eine schlechtere Ausbildung der hauptamtlich agierenden Männer und Frauen in der Kirche. Biedere Nettigkeit und intellektuelle Harmlosigkeit sind an die Stelle einer einstmals mutigen und hochgeistigen kritischen Theologie getreten, die vor gar nicht so langer Zeit noch nicht nur innerkirchlich eine große Rolle gespielt hat, sondern die auch eine wichtige Bedeutung in der Gesellschaft einnahm. Es reicht halt nicht nur einfach seinen Katechismus „runterzubeten" oder linientreu und kirchentraditionell ergeben darauf zu warten, dass sich die „bösen Menschen" doch nun endlich bekehren mögen und der ach so schlimme „Zeitgeist" sich doch bitte verflüchtigen möge.

Doch eine einfache Wahrheit bleibt dennoch für mich bestehen, die mich immer noch auf dem Spielfeld der Kirche hält:

Wer das Spiel verlässt, der kann eben auch nicht mehr mitspielen! Wer das Spiel beendet, der überlässt anderen die Möglichkeit, den weiteren Spielverlauf zu bestimmen und kann allerhöchstens noch von der Seitenlinie seinen Kommentar hineinrufen.

Mir widerstrebt es, den harmlosen und bedeutungslosen Spielern der rückwärtsgewandten Nostalgie das Spiel zu überlassen!

Vor einigen Jahren war bei uns in Klausen Professor Wolfgang Huber zu Gast. Der Ex-Vorsitzende der Evangelischen Kirche Deutschlands, der zusammen in den Jahren 2003 bis 2009 mit Kardinal Lehmann als Vorsitzendem der deutschen Bischöfe die katholischen und evangelischen Christen in unserem Land repräsentierte. Anlässlich eines Vortrags bei uns, führte ich ein öffentliches Gespräch mit ihm.

Prof. Dr. Wolfgang Huber zu Besuch bei P. Albert.

Auf meine Frage, wie er die Reformfähigkeit der Katholischen Kirche bewertete, sagte der ehemalige evangelische Bischof von Berlin-Brandenburg – sich mit guten Ratschlägen zurückhaltend – , dass für ihn als Protestanten das Schicksal der Katholischen Kirche für die Zukunft der weltweiten Christenheit von entscheidender Bedeutung sei. Sich also vom Spielfeld zu entfernen, heißt also das Schicksal des christlichen Glaubens insgesamt den dann noch verbleibenden Aktiven zu überlassen. Für mich ist das keine Alternative!

Auch wenn ich lediglich im Kleinen Kirche mitgestalten kann, so besteht weiterhin auch für mich in dem begrenzten Raum, in den ich gestellt bin, die Möglichkeit zu versuchen, Zeuge Christi im 21. Jahrhundert zu sein. In diesem Fall kann ich nun sagen, dass die gegenwärtigen Zeiten mir dabei einen Frei-

Rainer Calmund: „Seid nahbar und berührbar!"

raum erlauben, den Christinnen und Christen vor mir wohl selten besaßen. Gerade diese Ära des massiven Umbruchs in gesellschaftlichen und kirchlichen Belangen ermöglicht mir und meinen vielen Mitstreiterinnen und -streitern eine ungeahnte Freiheit. Sich also zu ducken und zu verstecken oder sich auf das abwartende Nichtstun zu beschränken, ist für mich daher lediglich eine Ausrede für Faulheit und geistige Unbeweglichkeit.

Mein Wissen um den Fußball ist nicht sehr groß und beschränkt sich auf das gelegentliche Mitfiebern mit meiner „Stadtnationalmannschaft", dem 1. FC Köln, und natürlich mit den deutschen Kickern anlässlich von Europa- oder Weltmeisterschaften. Doch die zugegebenermaßen eher geringe Kenntnis dieser Dinge sagt mir, ein Spiel kann auch noch in den letzten Minuten gedreht werden. „Der Ball ist rund und ein Spiel dauert 90 Minuten", so lauten Fußballweisheiten, die für diesen Inhalt stehen.

Innerhalb unserer Veranstaltungsreihe durfte ich vor einiger Zeit auch den bekannten Ex-Fußballmanager Rainer Calmund in Klausen als Gast begrüßen. Auf meine Frage, wie er als „Kirchenmanager" agieren würde, um das Spiel der Katholischen Kirche wieder auf ein Erstliganiveau zu heben, gab er zur Antwort, sie solle sachlich in die Zukunft schauen, realistisch-vernünftige Thesen aufstellen und selbstkritisch sich selbst betrachten. „Wir leben in einer neuen Zeit, die wir annehmen müssen. Seid nahbar und berührbar, entwerft vernünftige Konzepte und vermittelt uns Werte!" Mit diesen Worten fasste die in ihrer Kindheit und Jugend sehr kirchlich geprägte

Fußballlegende „Calli" ihr Reformkonzept für die Kirche zusammen.

Momentan sieht es tatsächlich für uns als Christen zumindest in diesem Teil der Welt nicht besonders gut aus. Das ist wahr. Doch ich vertraue auf den Geist Gottes. Durch sein Eingreifen kann ein Spiel auch noch in der 89. Minute und darüber hinaus eine erstaunliche Wendung erfahren. Der große Fußballer Maradona fand für den Umstand seines irregulär erzielten Tores die gewagte Formulierung von der „Hand Gottes", die seine eigene Hand in diesem Moment geführt habe und sein Team das Feld siegreich verlassen ließ. Nun ja, wenn uns schon die Hand Gottes nicht führt, wen anderes dann?

Video: Der evangelische Alt-Bischof Wolfgang Huber im Gespräch mit P. Albert über die Ökumene und (kath.) Kirche.

Video: P. Albert im Gespräch mit Fußballmanager-Ikone Reiner Calmund über sein Leben, Gott und die (Fußball-)Welt.

Quintessenz:
Nur wer im Spiel bleibt, kann das Spiel auch weiterhin mitgestalten. Ich bleibe in der Kirche. Es braucht vernünftige Konzepte, die auch weiterhin Werte vermitteln. Ein Spiel kann sich mit etwas Anstrengung oft noch in den letzten Minuten entscheiden. Ich vertraue auf die Hand Gottes.

Kann Kirche
eigentlich
auch Spaß
machen?

Im Frühjahr 2022 schlossen wir eine Kooperation mit einem lokalen Kino. Im Zuge dieser Zusammenarbeit, in der auch ein Werbetrailer vor jedem Film gezeigt werden sollte, wandten wir uns an eine Werbeagentur. Mit ihr zusammen kreierten wir ein neues Logo und produzierten einen Imagefilm. Dieser beginnt mit der provokanten Frage: „Kann Kirche eigentlich Spaß machen"?

Nachdem wir diesen Film auf You-Tube und auf anderen Sozialen Medien veröffentlicht hatten, meldete sich eine Zeitgenossin zu Wort, die uns vorwarf, „für die falsche Firma" zu arbeiten. Sie verstand den Film so, dass wir die Kulturveranstaltung den „normalen" Aktivitäten der Kirche wie etwa Gottesdienste vorzögen.

Das ist allerdings zumindest auf meine Person bezogen eine falsche Interpretation. Ich liebe die Liturgie und als Priester feiere ich sehr gerne den Gottesdienst, auch wenn ich mittlerweile an so manche Praxis der Kirche große Fragen zu stellen habe. Doch darum soll es hier nicht gehen.

Die Frage nach der Spaßhaftigkeit kirchlichen Tuns stellt in der Tat anscheinend für manche Christinnen und Christen eine Provokation dar. Das Wort „Spaß" wird im Kontext pastoralen Planens und der Katechese gerne vermieden. Lieber spricht man von „Freude", die da verbreitet werden soll. Spaß darf in der Kirche wohl wenig machen. Lust auf Kirche, wer hat die schon? Vieles erscheint als „heilige Pflicht" und wird mit einer solchen Ernsthaftigkeit betrieben, dass dagegen ein Zapfenstreich der Bundeswehr als Karnevalsveranstaltung erscheint.

Spaß und Lust sucht man vergebens bei „Kirchens". Das gilt übrigens für viele christlichen Konfessionen. Ich kann mich noch gut erinnern, als mich ein evangelikaler Mitchrist in unserer ökumenisch ausgerichteten Studentengemeinde über den „guten" und den „bösen" Keller im Haus der Hochschulgemeinde aufklärte. Im für ihn „guten" Keller befanden sich die Sprudelvorräte sowie die Kästen mit Cola-Getränken und Limonaden. Der aus seiner Sicht „böse" Keller beinhaltete die Bierkästen und die gelagerten Weinflaschen.

Nicht dass ich hier leichtfertig Alkohol mit Lebensfreude verbinden will, aber eine grundsätzlich moralinsaure Einstellung gegenüber Feiern und Partys prägten diese Unterscheidung dennoch erheblich. Von dieser Wertung distanzieren sich sicherlich manche christlichen Zeitgenossinnen und -genossen in Vergangenheit und Gegenwart. Dennoch fällt es vielen in der Kirche schwer von ihrem Engagement in dieser Institution mit Worten zu sprechen, in denen „Spaß" und

„Lust" vorkommen. Leider hat die kirchliche Verkündigung in der Vergangenheit den Menschen – Gott sei Dank mehr oder weniger erfolglos – versucht, den Spaß und die Lust austreiben. Schnell wurden diese Begriffe mit dem moralischen Totschlagargument der „Sünde" verbunden. Das Leben eines Christen auf Erden ist das Leben des pflichtbewussten Menschen, für den Gebet, Gottesdienst oder Zusammensein mit anderen immer mit Gedanken von Pflichterfüllung und höchster Ernsthaftigkeit verbunden sind.

So lautet etwa die Bezeichnung für das Stundengebet der Ordensleute und der Kleriker „Officium" – also Pflicht. Als ob das Gespräch mit Gott eine Pflichtveranstaltung wäre! Dieses Gebet bzw. auch die Messe musste im alten Sprachgebrauch des Ordens „persolviert" werden. Als Übersetzung bietet der Duden für „persolviert" die Bedeutung „eine Schuld restlos zurückbezahlen" an.

Da, wo die Beziehung zwischen Gott und den Menschen auf das Verhältnis von Geldverleiher und Geldnehmer reduziert wird, wundert es nicht, dass Begriffe wie „Spaß" oder „Lust" mit sündhaftem Treiben verbunden werden. Weder der Gottesdienst als Feier des Wirkens des lebendigen Gottes unter uns oder das Miteinander von Menschen im kirchlichen Kontext stellten für mich etwas dar, dass mit den Begrifflichkeiten einer fremdbezogenen Pflichterfüllung in Verbindung gebracht werden kann.

Schaue ich auf Gott, so erscheint mir die Kategorie „Spaß" oder „Lust" als höchst sinnvoll. Wenn seine Schöpfung dem Schöpfer nicht Herzenssache ist, dann ergibt sich für mich kein Sinn darin, an Christus zu glauben, der eben aus tiefster Verbundenheit mit allen Geschöpfen die Welt erlöst hat. „Spaß" hat der Weg bis zum Kreuz bestimmt nicht gemacht, das ist sicher. Aber es lag Sinn darin und entsprang aus der Liebe des Schöpfers zu seiner Schöpfung.

Dennoch fremdelte Jesus nicht mit den Begriffen „Spaß" oder „Lust". Sein erstes Wunder wirkte er bei einer Hochzeit, bei der er sicherlich nicht bierernst und als Spaßbremse anwesend war. Seine Kritiker bezeichneten ihn als „Fresser" und Säufer", was darauf schließen lässt, dass Freude am Leben ihn und seine ersten Jüngerinnen und Jünger auszeichneten.

Nicht immer verbinde ich mit der Feier eines Gottesdienstes den Gedanken oder noch besser das Gefühl von „Spaß" oder „Lust". Besonders dann, wenn es der dritte, vierte oder fünfte an einem Tag ist. Dennoch erfahre ich sehr oft, dass mir bei der Liturgie Freude und Erfüllung geschenkt wird. Auf einmal macht es wieder Spaß, auch wenn ich zuerst keine

Das macht richtig Spaß: im Namen des Herrn andere nass machen.

Lust darauf hatte, nochmal hinter den Altar zu treten.

Nicht jedes Gespräch, das ich als Priester mit Menschen führe, ist eines, das ich mit der Aussicht beginne, bei dieser Begegnung großen Spaß zu empfinden. Es gibt eben auch „Pflicht und Kür". Aber dennoch werde ich sehr oft durch meine Gesprächspartner überrascht. Jede und jeder stellt halt doch ein Geheimnis dar und richtig angepackt geschieht die Öffnung der „Wundertüte".

Eine Ikone von Spaß und Freude: Guildo Horn gibt sich die Ehre und rockt Klausen

Wie oft bin ich nach einem Taufgespräch oder einer Begegnung mit einem Brautpaar in mein Auto gestiegen und bin reich beschenkt wieder nach Hause gefahren. Ja, auf einmal hat mir mein Beruf wieder „Spaß" gemacht und ich empfand ein großes Lustempfinden daran Priester zu sein. Ich verwende hier das Wort „Lustempfinden" bewusst und lasse ihn in all seiner Doppeldeutigkeit stehen.

Wenn ich während der Messe in so manches verbissene Gesicht hineinblicke, dann wünsche ich mir so sehr, dass diese Frau oder dieser Mann einmal das Hochgefühl empfindet, dass ich fühle, wenn ein ganzes Gotteshaus „Großer Gott wir loben dich" schmettert und ich in eine solche Gemeinschaft mit vielen Messdienerinnen und Messdienern einziehen darf. Dann kommt alles zusammen und

Gott, Glaube, Kirche und meine Mitchristen machen mir Spaß!

Wenn ich unsere Helferinnen und Helfer, erkenntlich an ihren Gelben Westen bei einer Veranstaltung mit Guildo Horn als Cheergirls und -boys erlebe, die voller Lebensfreude den Moment mit dem Sänger und seiner Band feiern, an dem Himmel und Erde zusammenkommen und die Botschaft des Liedes „Wunder gibt es immer wieder" tatsächlich wahr wird, dann geht mir das Herz auf.

Kirche darf und muss Spaß machen. Die Spaßhaftigkeit Christin und Christ zu sein, sollte in allen Erscheinungsformen von Kirche durchscheinen und ist die beste Werbung dafür, auch heute noch Mitglied „im Verein" zu sein und es zu bleiben.

Video: Guildo Horn beim Picknick-Konzert in Klausen.

Video: Schlager unser – Beitrag von ARD-Brisant über das Konzert von Guildo Horn in der Wallfahrtskirche.

Quintessenz:
Kirche soll Spaß machen! Gott hat Spaß an seiner Schöpfung.
Nur wer Spaß hat, kann auch andere begeistern!

Volkskirche –
was sonst?

Die Kirche steckt in einer großen Krise. Fast täglich flattern neue Horrormeldungen in das Klausener Pfarrhaus hinein und erschrecken uns. Immer wieder neue Missbrauchsfälle, bei denen auch hochangesehene Kleriker beteiligt waren. Dazu der fatale Eindruck, dass solche Untaten von Kirchenoberen gedeckt wurden, anstatt sich aktiv an einer Aufklärung oder gar einer Entschädigung der Opfer zu beteiligen. Dazu kommt eine sich höher auftürmende Finanzkrise, die durch die immer größer werdenden Austrittszahlen verursacht wird. Die Kirche hat das Vertrauen vieler Menschen verloren und ihre Zukunft scheint ungewiss.

Nicht erst aufgeschreckt durch die gegenwärtigen katastrophalen Zustände in der Kirche fordern oder konstatieren viele In- und Outsider der Glaubensgemeinschaft das Ende der Volkskirche. Die Katholische Kirche in diesem Land hat wenn überhaupt noch eine Zukunft als eine sehr kleine Gruppe der Entschiedenen, der lediglich ein Nischendasein am Rande der Gesellschaft verbleibt. Ihre prägende Kraft für die Menschen in unserem Land hat diese Kirche endgültig verspielt.

Sicherlich ist es wahr, dass Vertrauen und Renommee vor allem durch die vielen Missbrauchsskandale und den für viele so wahrgenommenen stümperhaften Umgang mit der Missbrauchskrise durch die Hierarchie

verloren gingen. Es fällt daher den Katholiken, aber auch den Protestanten zunehmend schwerer, sich in einer säkularisierten Gesellschaft wie der unsrigen Gehör zu verschaffen. Was ist aber an die Stelle der Kirchen im gesellschaftlichen Diskurs getreten? Die Antwort auf diese Frage fällt für mich eher nüchtern aus: Nichts und Niemand. Bisher bleibt die Position der Kirche in der Diskussion und im Ringen um die Lösung der großen Fragen unserer Zeit unbesetzt.

Im Gespräch mit dem Bundespräsidenten a. D. Joachim Gauck anlässlich seines Besuchs bei uns beklagte dieser bitter das Fehlen der Katholischen Stimme bedingt durch den enormen Vertrauensverlust der Kirche in den

Bundespräsident a. D. Joachim Gauck in der Wallfahrtskirche.

öffentlichen Debatten. Als Beispiel für die notwendige Hörbarkeit einer dezidiert katholischen Position nannte er das Ringen um den Lebensschutz von Anfang an. Mir selbst fallen noch viele Themen in den gegenwärtigen Fragen ein, zu denen katholische Christinnen und Christen einen Beitrag hinzufügen könnten. Nur einige will ich hier nennen, die Liste ließe sich sicherlich fortsetzen: die Zukunft der Arbeit angesichts einer fortschreitenden Entwicklung der Künstlichen Intelligenz, die sich immer weiter zuspitzende Soziale Frage oder etwa das Verhältnis von Menschen und Schöpfung im Kontext der modernen ökologischen Probleme.

Was für die große „Bühne" der Nation gilt, das hat auch Relevanz für jeden einzelnen. Gerade in meinem seelsorglichen Handeln als Pfarrer und Wallfahrtsleiter nehme ich dabei aber etwas anderes wahr. Die Volkskirche ist nicht tot. Sie lebt und entwickelt sich weiter. Schaue ich in meinen Terminkalender, so finde ich eine Menge von Taufterminen, Hochzeiten oder Heilige Messen. Immer wieder kommen Beerdigungen hinzu, aber auch das ein oder andere seelsorgliche Gespräch, Beichten, Versehgänge und vieles mehr. Ja selbst Menschen, die den Wunsch haben, zur Katholischen Kirche zu konvertieren, betreue ich zurzeit.

Der Satz des großen Theologen Romano Guardini, „die Kirche erwacht in den Seelen der Menschen", den er 1921 äußerte, erscheint in diesem Zusammenhang als aus der Zeit gefallen und beim ersten Sagen bleibt er mir auf der Zunge hängen. Aber diese Worte kamen mir als erstes in den Sinn, als ich über diesen merkwürdigen Gegensatz zwischen der Wahrnehmung einer Kirche am „toten Punkt" (Kardinal Marx) und einer immer noch lebendigen Kirchlichkeit an der vielzitierten „Basis" nachdachte.

In einem tieferen Sinn macht der Satz Guardinis für mich immer mehr Sinn. Der Wunsch nach „Kirche", also einer einfach gesprochen christlich organisierten Religiosität sitzt immer noch tief in den Herzen der Menschen. Wie oft höre ich die Sehnsucht nach dem Segen Gottes für ihr Kind bei Eltern heraus, mit denen ich ein Taufgespräch führe. Dass eine Ehe „unter einem guten Stern" beginnen möge ist für viele Paare sicherlich auch ein Grund, nach dem kirchlichen Rahmen für ihre Hochzeitsfeier zu fragen.

Was für die sogenannten Kasualien (Taufe, Hochzeit und Beerdigung) gilt, lässt sich auch für andere Anfragen sagen, die mich fast täglich als Priester erreichen. Da möchte einer eine Plakette gesegnete bekommen, die er einem Kranken mitbringen möchte. Eine andere Frau fragt mich mit ernster Miene,

Seit P. Alberts Wirken eine feste Institution: die alljährliche Klausener Traktorwallfahrt...

ob denn die Kerzen, die wir in unserer Wallfahrtskirche gegen Spenden abgegeben, denn auch gesegnet seien. Wieder eine andere Frau äußert den Wunsch, kurz vor ihrem Tod noch einmal eine Pilgerfahrt zu unserer Wallfahrtsstätte zu unternehmen. Diese Beispiele ließen sich lange fortsetzen und es wird mir klar: nein, die Kirche ist nicht tot, sie lebt und sie formt sich zum Teil um in eine neue Gestalt. Sie erwacht neu in den Seelen.

Neue „Formate" wie die großen Segnungswallfahrten im Pilgerjahr, wie die Motorradwallfahrt, die Traktorwallfahrt oder die Tiersegnung erfreuen sich in Klausen großer Beliebtheit und Anteilnahme vieler Menschen.

...und ebenso die sehr erfolgreiche und beliebte Tiersegnung.

Die Kasualien werden heute oft sehr persönlich gestaltet und in ihnen finden sich die Menschen wieder. Da, wo sich Möglichkeiten eröffnen, ergeben sich ganz neue Verbindungen, etwa dann, wenn ich auf You-Tube regelmäßig mit einer Schamanin einen religiösen Dialog führe.

Die Gestalt der Kirche wandelt sich und sie gewinnt neue Anerkennung bei den Menschen, die sich vielleicht zunächst erschrocken und abgestoßen von der sogenannten „Amtskirche" abwenden, die ihr Vertrauen in der Tat zu einem großen Teil verspielt hat. Schon jetzt blühen, fern oft von der öffentlichen Wahrnehmung, diese neuen „Blüten" eines anderen kirchlichen Lebens. Der oben schon einmal erwähnte Jesuitenpater Rupert Lay nannte dieses Phänomen schon vor rund dreißig Jahren „nachkirchliches Gemeindeleben".

Gerade bei den Vertreterinnen und Vertretern einer authentischeren Lebensführung, deren Worte angesichts von Klimakrise und einer in sich zusammenfallenden Globalisierung umso lauter ertönen, finde ich als Christ viele gemeinsame Anknüpfungspunkte.

Gerade hier in der Mitte einer erneuerten Gesellschaft sehe ich auch den Ort einer neuen Volkskirche. Nicht im Rückzug in eine Nische einer selbst gezimmerten Heiligkeit, die sich von den vermeintlichen bösen Versuchungen der Moderne absondert, verorte ich die Zukunft der Kirche. Wie schon an anderer Stelle gesagt, bildet sich hier eine Sekte, die sich mit einem rückwärts gestalteten Profil abschottet gegen die heutige Zeit. Das „Volk" oder „die Leute" werden von einer solchen Gruppe nur verachtet und eine solche religiöse Elite verzichtet aus Hochmut auf Mission der „normalen Menschen" und die notwendige „Durchsäuerung" der Gesellschaft.

Kirche hat nur dann eine Zukunft, wenn sie das „Volk" nicht aufgibt, sondern den schwierigen Weg geht, weiterhin bei den Menschen zu bleiben. Ihre Freuden und ihre Hoffnungen zu teilen oder mit ihnen zu lachen und zu weinen. Sicherlich ist das Ziel einer solchen Reise noch unklar. Doch das liegt in der Natur der Sache.

Für mich ist die Volkskirche nicht tot – ganz im Gegenteil, sie lebt und ich arbeite gerne daran, dass sie auch eine Zukunft hat. Eine Volkskirche der Zukunft wird eine andere Gestalt haben, wie die wie wir sie kennen – zweifellos. Ich bin mir genauso sicher, dass uns auf dem Weg zur Zukunft als Kirche noch einige Entwicklungen ins Haus stehen werden, die uns alle sehr fordern. Wichtig ist, sich auf den Geist Gottes einzulassen und kreativ und neu für die Menschen Christin und Christ zu sein.

 Video: P. Albert im Gespräch mit Bundespräsident a. D. Joachim Gauck über Toleranz und Gott und die Welt.

 Video: Motorradwallfahrt in Klausen.

Quintessenz:
Die Volkskirche hat eine Zukunft. Die Kirche muss in den Seelen erwachen, damit sie eine Zukunft hat. Volkskirche statt Sekte!

Mit Nikolaus
und Bobby-Car
zu den Kindern

Als Kind war ich ein begeisterter Leser der „Fix und Foxi"-Hefte, die mir mein Vater immer Samstagsmorgens, wenn er für die ganze Familie Brötchen und Zeitungen kaufen ging, mitbrachte, oder ich wartete geduldig auf das Heft „Yps". Die Besonderheit dieser Kinder-Publikation, die von 1975 bis 2000 erschien, war ein „Gimmick". Dies war ein Gegenstand, eine Bastelei oder sogar lebende Tiere (die berühmten Urzeit-Krebse), welche dem Heft beigefügt waren und mich und andere immer total begeistert hatten. Sechsmal im Jahr erschien Yps und wir fieberten immer auf die neue Ausgabe der Zeitschrift hin. Natürlich wurde diese jedes Mal vorher angekündigt, so dass die Vorfreude auf das neue Heft noch größer war.

Vielleicht hat mich die Vorfreude und die totale Aufmerksamkeit auf ein Gimmick dahingehend geprägt, dass ich seitdem besonders bei Kinder- und Jugendgottesdiensten auf ein solches achte. Ein solches Mitbringsel muss nicht immer so aufwendig sein. Weniger ist oft mehr. Es kann auch etwas sein, was in dem jeweiligen Gottesdienst eingesetzt wird oder dort als Besonderheit vorkommt.

Als Kaplan durfte ich bei der Aktion „Praystation" in Hamburg mitwirken. Zu jedem Gottesdienst überlegten wir uns etwas, was besonders war und den mitfeiernden Jugendlichen im Gedächtnis haften bleiben sollte. Einmal besorgten wir uns sehr viele leere Wasserkästen und bauten passend zum Schriftwort der lebendigen Steine innerhalb der Messe eine neue Kirche aus diesen leeren Kisten. Ein anderes Mal schütteten wir anlässlich des Ferienbeginns in den Altarraum eine Unmenge Sand hinein und ersetzten den Priestersitz mit einem Strandkorb. Ja, das waren bewegte Zeiten und ich schaue heute schmunzelnd auf diese Momente zurück. Ob der Aufwand immer dem Inhalt, geschweige denn dem Ergebnis entsprach, müssen andere bewerten!

Allerdings bleibe ich dabei, dass ein gut überlegtes Gimmick die Botschaft der Predigt oder des Gottesdienstes unterstützt oder zumindest für entsprechende Aufmerksamkeit sorgt. Um ein solches zu finden, muss man nicht immer lange nachdenken bzw. es bedarf auch nicht immer eines großen Aufwands, um es zu besorgen. Was das betrifft, so habe ich in Klausen viel dazu gelernt. Einige Beispiele will ich hier anführen:

Einmal am Jahr findet nun seit einigen Jahren die Traktorwallfahrt statt. Mittlerweile treffen sich so um die hundert dieser schweren Landmaschinen immer zu Erntedank in unserem Ort. Voller Stolz präsentieren ihre Besitzer die Nutzfahrzeuge, die entweder noch im Einsatz der Landwirtschaft sind oder als gut restaurierte und gepflegte Oldtimer zu Sammlerstücken mutiert sind. Ratternd und knatternd bewegen sich die Bulldogs und Fendts und wie sie alle heißen mögen samt ihren Fahrerinnen und Fahrern die Trierer Straße hinab, wobei sie dann vom Klausener Wallfahrtsrektor zur Freude vieler Umstehenden mit reichlich Weihwasser gesegnet werden.

Nachmittags findet dann im Park an der Wallfahrtskirche die Kindertraktor- und Bobbycarsegnung statt. Hier knattert und rattert zwar nichts, aber dafür sind fröhliche Kinderstimmen rund um unser prächtiges Gotteshaus zu hören. Vor der eigentlichen Segnung feiern die Kinder und ihre Eltern mit mir eine kurze Andacht. Oft erhalten die Mädchen und Jungen als Geschenk einen Apfel und dann besteigen diese ihre oftmals liebevoll geschmückten Gefährte. Mit Schwung und Schmackes nehmen sie die Kurven der Parkwege und lächeln voller Stolz, wenn ihre kleinen Fahrzeuge genauso wie die Traktoren der „Großen" gesegnet werden. Immer wieder bietet dieser Termin mir die Gelegenheit, mit meiner christlichen Botschaft mich den Kindern und ihren Eltern anzubieten.

Ein anderes Beispiel ist der Besuch des heiligen Nikolaus anlässlich seines Gedenktages im Hochamt in unserer Kirche. Wir legen viel Wert darauf, dass der „echte" heilige Nikolaus, also eine Person in einem Bischofs-gewand uns besucht und nicht sein „amerikanischer" Verwandter der Weihnachtsmann im roten Bademantel. In der Regel schlüpft unser Pfarrgemeinderatsvorsitzender in Albe und Chormantel und erscheint angekündigt durch Glöckchenläuten in der Messe und hält – die Mitra auf dem Haupt und den Stab in der Hand – eine kurze Predigt. Nach dem Ende des Gottesdienstes beschenkt er die großen und kleinen Kinder mit seinen Gaben.

Diese Beispiele zeigen, dass es an sich nicht allzu viel Aufwand bedarf, ein passendes Gimmick zu kreieren. Andere ließen sich noch nennen. So die schon erwähnten Esel an Palmsonntag oder das Ostereiersuchen an Ostermontag. Nicht im Aufwendigen liegt dabei das Besondere, sondern in der Auswahl einer relativ bescheidenen Sache. Seien es meine Hühner und Enten, die mir helfen meine Botschaft vom Schöpfungsfrieden Kindern und Jugendlichen nahezubringen oder die Aufkleber bei der Motorradwallfahrt, die zu Sammelobjekten bei einigen der regelmäßig an dieser Veranstaltung teilnehmenden Biker geworden sind.

Fantasie und Kreativität helfen uns im Team rund um die Wallfahrtskirche, immer wieder Gegenstände oder Formate zu finden, die neu und anders die Botschaft Christi den Menschen nahebringen. Offenheit und Aufgeschlossenheit gegenüber dem „Zeitgeist"

Auch die kleinsten Treckerfahrer erhalten ihren Segen.

Die Kommunionkinder 2020 nicht in der Kirchenbank,
sondern coronakonform vor den elterlichen Autos.

helfen dabei enorm. Mit der Zeit zu denken und nicht gegen sie. Mit einem solchem Denkansatz gelingt es uns, Menschen zu begeistern.

Gerade in der Corona-Krise gelang es uns, mit neuen und hygiene-konformen Formaten Gottesdienste in Präsenz wieder früh zu ermöglichen. Als Beispiele seien hier Autogottesdienste genannt, die zu einer Zeit, in der noch öffentliche Gottesdienste verboten waren, Menschen in Präsenz zu einer Liturgie versammelten. Besonders in Erinnerung ist mir dabei der Autogottesdienst für die Kommunionkinder am Weißen Sonntag, wo alle Kommunionfeiern ausfallen mussten und trotzdem eine Möglichkeit geboten wurde, zusammenzukommen. Als ich die Kinder an diesem Tag mit dem Allerheiligsten segnete, standen selbst mir die Tränen in den Augen.

Der Anhänger wird zum Chorraum.

Sich der Zeit zu verschließen und sich einzuigeln in der Vergangenheit, hilft angesichts der Herausforderungen der Zeit nicht weiter. Mit dem Geist Gottes offen zu sein, was heute gedacht und gesagt wird, weist den Weg zu den Herzen der Menschen.

 Video: Ein gesegnetes Wochenende (Tiere und Traktoren).

 Video: Auto-Andacht in Klausen am Weißen Sonntag.

Quintessenz:
Wo sind die Gimmicks unserer Zeit?
Denke mit der Zeit und nicht gegen sie!

Für Mensch
und Tier

ch habe das große Glück nicht allein zu leben. Neben meinem Mitbruder leben im und um das Klausener Pfarrhaus viele Tiere. Zwei Katzen, fünfzehn Hühner, fünf Enten und etwa 20 Fische. Sie alle bereichern mein Leben auf vielfältige Weise. Manchmal helfen sie mir auch in meiner Seelsorge. Wie auch schon gesagt, verdanke ich ihnen – vor allem den beiden Katzen Trinchen und Don Camillo – eine neue Sicht auf Gott und die Welt und damit auch auf die Kirche.

Gott vor allem auch als Schöpfer des Wunders zu begreifen, das wir Leben nennen, öffnet mich zutiefst für eine tiefere Wahrnehmung des Menschen. Seelsorge bedeutet für mich an der Sorge des Schöpfers für sein Werk teilzuhaben. Das Kümmern Gottes um seine

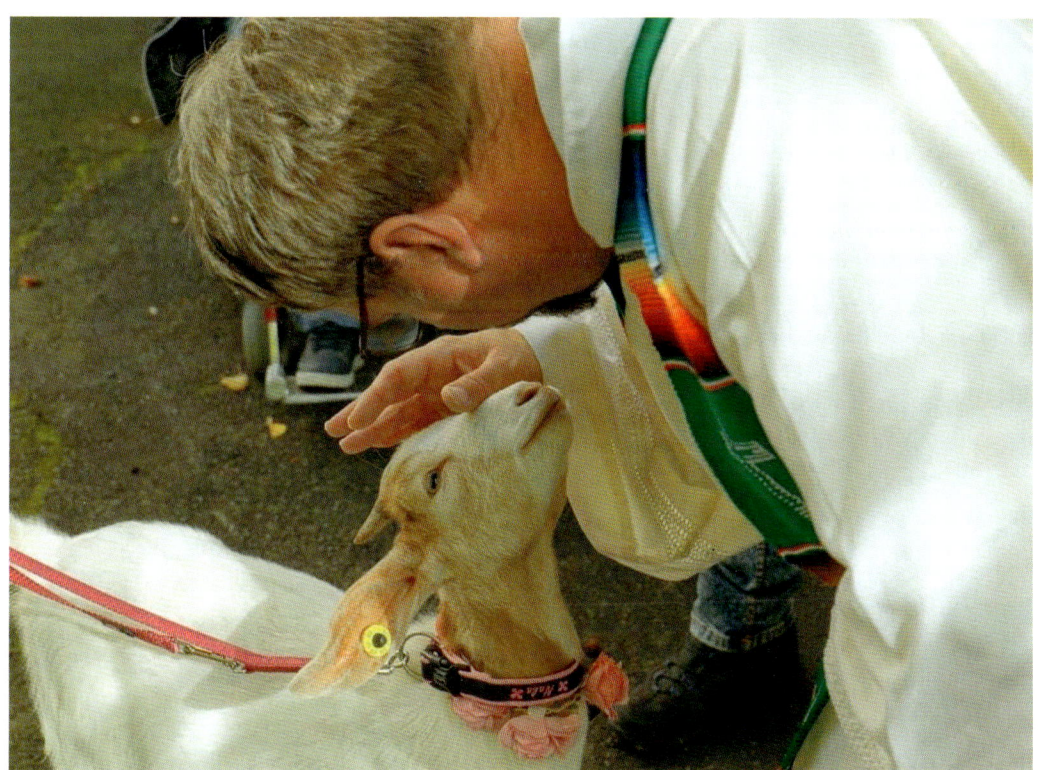

Die Liebe Gottes spricht aus allen Geschöpfen.

Geschöpfe gipfelt nach meinem christlichen Glauben in der Erlösungstat des Sohnes am Kreuz für alle Glieder der Schöpfung. Doch das Wirken Gottes hat sicherlich noch mehr Seiten und andere Vor- und Nachläufe. Ein Wort aus dem Buch Hiob ist mir dafür über die Jahre lieb und teuer geworden:

„Frag doch die Tiere, sie werden dich lehren, und die Vögel des Himmels, sie erzählen es dir. Sprich zur Erde, sie wird dich lehren, die Fische des Meeres künden es dir: Wer weiß nicht unter all diesen, dass die Hand des Herrn das gemacht hat, in dessen Hand die Seele alles Lebendigen ist und der Geist allen Menschenfleisches." (Hiob 12,7ff.)

Die Schöpfung ist nicht für den Menschen da. Das ist sie nie gewesen. Wir sind Teil der Natur. Jedes Glied von Gottes Schöpfung hat eine Daseinsberechtigung, weil Gott ihm Leben verliehen hat. Die Tiere oder andere Teile der Natur sind eben nicht Kulisse für das Drama Gottes mit den Menschen. Uns Menschen brauchen weder die Tiere noch andere Geschöpfe Gottes, um zum Schöpfer Kontakt zu haben. Er spricht zu ihnen in ihrer Sprache.

Aus diesem theologischen und biblischen Ansatz heraus bemühe ich mich als Seelsorger, diese Schöpfungsfreundlichkeit Gottes für viele erlebbar zu machen. Dazu bietet mir die Wallfahrtskirche Klausen mit ihrer landschaftlich reizvollen Umgebung der Südeifel viele Möglichkeiten. So umgibt unsere Kirche ein Park mit großen Bäumen. Hinter dem Pfarrhaus ist Platz für die Hühner und die Enten. Außerdem habe ich dort einen Garten angelegt, der mir Ruhe verschafft und vielen Insekten und Wildvögeln einen Lebensraum bietet. Ein kleiner Nutzgarten lässt mich ab und an von den Früchten der Natur kosten und schenkt mir Einsichten über das vielfältige Wechselwirken zwischen menschlichem Tun und Pflanzenwelt.

Hier kann ich versuchen, dem Geheimnis Gottes und seiner vielfältigen Präsenz in den Kräften seiner Schöpfung nachzuspüren. Dazu lade ich gerne Mitsucherinnen und -sucher ein. Ich begreife mich als Helfer Gottes für Mensch und Tier. Segnungen, Seminare oder andere Aktionen tragen dazu bei, dass die Liebe des Schöpfers zu seinen Geschöpfen erfahrbar wird.

Etwa durch die Tiersegnung, die immer um den Tag des heiligen Franziskus veranstaltet wird. Hierzu laden wir Tierhalterinnen und -halter mit ihren Tieren in den Park an der Kirche nach Klausen ein.

Bei der Tiersegnung habe ich mir in einen geänderten Ritus ausgedacht: Anstatt das Tier mit dem Aspergill, also einem dem

Zwei Quellen der Klausener Seelsorge: Die Heilige Schrift und die Tiere.

Zepter ähnlichen Weihwasserspender aus Metall, zu segnen, tauche ich vorher meine Hand in das gesegnete Wasser, frage nach dem Namen des Tieres und streichele es dann mit der nassen Hand. Ich halte diese Geste den Tieren gegenüber für verständlicher. Das Herumschwingen mit dem Aspergill wirkt auf viele unserer tierischen Zeitgenossen sehr furchteinflößend und eher abschreckend. Das Streicheln stellt aber eine Zeichenhandlung dar, die artübergreifend verstanden als Geste des Friedens und des Vertrauens verstanden werden kann. Auch wir als Menschen streicheln uns, wenn wir einander Liebe und Zuneigung zeigen wollen.

Neben der Tiersegnung in Klausen, die für mich persönlich ein Höhepunkt des Wallfahrtsjahres darstellt, werde ich ab und an von Tierfreunden auch zu Tiersegnungen außerhalb von Klausen eingeladen. Besonders mit den Menschen von „Tierteller Eifel e.V." fühle ich mich sehr verbunden. Seit vielen Jahren schon versuchen Dieter Buddick und seine Mitstreiterinnen und -streiter, sozial schwachen Tierfreunden durch Futterspenden und anderen Aktionen zu helfen. Die Zeit bei den Freunden vom Tierteller Eifel erlebe ich jedes Mal besonders intensiv!

Außerdem bemühe ich mich die in meiner Umgebung lebenden Tiere in mein seelsorgliches Wirken mit einzubinden. Für Kom-

munionkinder und Firmbewerberinnen und -bewerber biete ich „Schöpfungszeiten" an. Meisten lade ich die daran interessierten jungen Menschen an einem Samstagvormittag nach Klausen ein, wo sie dann zum einen mit dem „Ur-Text" der Schöpfungsgeschichte im Buch Genesis konfrontiert werden und zum anderen sich ganz praktisch den Tieren nähern können. Meine Hühner und meine Enten spielen hier eine wichtige Rolle. Für sie bereiten die Teilnehmerinnen und Teilnehmer Futter vor. Zwischendurch „besucht" eine der Hennen die Gruppe. Für viele der Mädchen und Jungen besteht hier zum ersten Mal in ihrem Leben die Möglichkeit, ein Huhn aus der Nähe zu betrachten, es zu streicheln oder ggf. die Klaue des Tieres zu berühren. Die Schöpfungszeit endet dann mit der Fütterung der Tiere auf dem Hof hinter unserem Pfarrhaus.

Im Laufe des Jahres treten die Tiere des „Klausener Zoos" (Weihbischof Gebert) noch öfter als Mitarbeiterinnen und -arbeiter in der Seelsorge in Erscheinung. In so manchem Beitrag für die Sozialen Medien, in Predigten oder in publizierten Tiergeschichten finden die Mitgeschöpfe in meiner Umgebung eine Erwähnung, werden fotografiert bzw. gefilmt oder beschrieben.

Wir leben in einer Zeit eines Bewusstseinswandels. Nicht erst seit dem Phänomen des

Klimawandels spricht die Natur mit mächtiger Stimme zu uns. In ihr vernehme ich den Ruf Gottes. Durch die Natur mahnt er uns Menschen, uns zu mäßigen und wieder zu einem Einklang mit den Tieren und den Pflanzen zu kommen. Das sogenannte „Anthropozän" (also der vom Menschen brutal auf seine Bedürfnisse zugeschnittene Planet) stellt einen Irrweg dar, der, wenn wir ihn nicht verlassen, zu unserem Ende führen wird. Die Tiere und die Pflanzen helfen uns, Gott als unseren gemeinsamen Schöpfer zu erkennen und in Harmonie mit ihnen zu einem neuen Verhältnis zu ihm und zu unseren Mitgeschöpfen zu finden.

Dies immer wieder zu betonen und in meiner Verkündigung darauf hinzuweisen, ist für mich keine billige Masche, um mit solchen „soften" Themen Menschen zu erreichen und die Kirche und kirchliches Handeln in ein warmes Licht zu tauchen. Bei der Freundschaft zu Tieren und Pflanzen handelt es sich für mich ganz im Gegenteil um einen zutiefst biblisch fundierten Auftrag. Wenn etwa bei Markus nach den Versuchungen über Jesus heißt: „Er lebte bei den wilden Tieren und die Engel dienten ihm" (Mk 1,13), dann beschreibt das Evangelium einen Aspekt des zukünftigen Schöpfungsfriedens. Jesus lebt uns das exemplarisch vor, was nach der Neuschaffung von Himmel und Erde für die ganze Schöpfung gelten wird.

 Video: Palmsonntag mit Eseln.

 Video: Tiersegnung in Klausen.

Quintessenz:
Tiere sind meine Mitarbeiter bei der Seelsorge. Gott spricht zu uns durch sie.
Als gläubige Menschen sind wir aufgefordert, an einem neuen Verhältnis zwischen allen Teilen der Schöpfung mitzuwirken.

Wald- und
Wiesenpater

Ich streife gerne durch die Natur. Zugegebenermaßen komme ich aber wenig dazu. Sowohl die vielfältigen Herausforderungen im Leben eines Wallfahrtsrektors und eines Gemeindepfarrers als auch die Sorge um Garten und Tiere rings um unsere schöne Kirche halten mich oft davon ab, meiner Lust einfach so durch Wald und Wiesen der Umgebung zu streifen, nachzugeben.

Dennoch würde ich mich als Wald- und Wiesenpater bezeichnen. Der große theologische Entwurf, die meisterhaft durchdachte Predigt oder die subtil abgestimmte seelsorgliche Maßnahme gehören nicht zu meinem Repertoire. Mein Stil ist das einfache Essen, das ich bevorzuge oder das Wort, das jederfrau und jedermann versteht.

Gerade wenn Pilgerinnen und Pilger nach einem langen Tag der Wallfahrt bei uns ermattet und körperlich ausgepowert ankommen und sie mit „Großer Gott wir loben dich" feierlich in die Kirche eingezogen sind, dann spüre ich sehr intensiv, dass diese Menschen nun keine lange Ansprache erwarten, sondern froh sind, wenn ihre „Prozession", wie man so schön sagt vom Wallfahrtsrektor mit ein paar kurzen und packenden Worten gewürdigt wird. Ihnen bedeutet der abschließende Segen mit dem Allerheiligsten mit dazu erklingenden Schellenklang sicherlich mehr als eine gut ausgedachte Spezialliturgie.

P. Albert in seinem Garten.

Zum „gesegneten" Abschluss einer solchen Wallfahrt gehört für viele Pilgerinnen und Pilger die Einkehr in ein Gasthaus, wo ein Kaltgetränk und mehr auf sie wartet. Sie darauf hinzuweisen, brauche ich eigentlich nicht, geschieht aber dennoch öfters durch mich. In solchen Momenten empfinde ich mich als „Wald- und Wiesenpater" und das ist gut so!

Oft ist die Kirche heute versucht, in ihrer Sprache sich auf besonders sensible Zielgruppen einzustellen. Krönung des Ganzen war vor Kurzem eine Empfehlung in Form eines Rundbriefs aus dem Generalvikariat, wie wir als Hauptamtliche Seelsorgerinnen und Seelsorger nun gendergerecht uns artikulieren. „Brüder und Schwestern" soll nun nicht mehr verwendet werden. Anreden soll ich die Versammlung nun mit „liebe Gemeinde". Von „Putzfrau" soll nicht mehr die Rede sein. stattdessen vom „Reinigungspersonal". Eine Kollegin meinte zu dem Ganzen nur, ob wir momentan nicht andere Sorgen hätten!

Ich stufe das Ganze als „wieder einmal über das Ziel hinausgeschossen" ein. Vor lauter Anbiederung an einen vermeintlichen gesellschaftlichen Trend verpasst die Kirche die Mitte ihres Handelns und ihrer Verkündigung. Vielen Menschen, mit denen ich zusammenkomme, sind zwar grundsätzlich am Glauben interessiert und ihnen ist sogar daran gelegen, mit Jesus in Berührung zu kommen, aber dieses Verbleiben beim Uneigentlichen und nicht Wichtigem schreckt sie eher ab, als dass die Kirche so in ihren Augen glaubwürdiger erscheint.

Die Kirche steht vor dem großen Problem, dass sie als kaum noch relevant von einer Mehrheit der Menschen wahrgenommen wird. Der Stil ihres Auftretens wirkt zum einen sehr professionell. Wie viel Geld allein verschlingen wohl die Werbekampagnen für Gremienwahlen, spirituelle Leitfäden oder die Informationen über die neuen Strukturen der Bistümer? Der Effekt dieser Serie von Hochglanzbroschüren, speziell gestalteten Kugelschreibern oder durchaus beeindruckenden Social-Media-Auftritten tendiert wohl eher gegen Null und

wird vielmehr als inhaltleer bzw. nicht relevant verstanden.

Auf der anderen Seite verhält sich die Kirche und dabei oft die Kirchenleitung als eher unprofessionell. Willkürliche Entscheidungen nach Gutsherrenmanier, intransparente Entscheidungswege oder überhebliches Auftreten einzelner Hauptamtlicher prägen oft die Wahrnehmung der „einfachen" Leute. Da begegnen ihnen Egomanen beiderlei Geschlechts, die zwar im Auftrag Jesu auftreten, aber von seiner Menschenfreundlichkeit und Gottverbundenheit meilenweit entfernt sind. Die Menschen erfahren solche Kirchenfunktionäre als abgehoben und arrogant. Sie bewegen sich in ihrem Reden und Denken fern von der Gegenwart und scheinen nur um ihr eigenes Ego zu kreisen.

Diese merkwürdige Zweigeteiltheit des Auftretens der Kirche schreckt viele ab und stößt sie weit von sich. Dazu kommen eben die vielen Fehler, deren Ursprung eher im Eingemachten zu suchen ist. Der schreckliche Missbrauchsskandal in all seinen Facetten wirkt hier als Brandbeschleuniger einer Entwicklung, die sich schon lange anbahnt.

Natürlich teilt die Katholische Kirche das Schicksal vieler ehemaliger großer Institutionen der Gesellschaft in unserem Land. Parteien oder Gewerkschaften bzw. auch die

Gute Musik beschwingt das Pilgern.

anderen christlichen Kirchen tun sich schwer, weiterhin von Bedeutung für die Gesellschaft zu sein. Außerdem ist „die Gesellschaft" mittlerweile so komplex und uneins, dass es eben sehr schwerfällt, sich auf sie im Ganzen einzustellen.

Doch lässt sich das nicht unbedingt als Entschuldigungsgrund für die miserable Lage meiner Kirche angeben. Uns als Christen ist der Heilige Geist gegeben und immer erwies sich die Kirche dann als stark, wenn sie „auf das Maul der Leute" geschaut hat. Als

die Protestanten etwa im 16. Jahrhundert mit deutschen Kirchenliedern große Erfolge in ihrer Verkündigung erzielten, fanden sich auch katholische Christen, die mit deutschsprachigen Marienliedern oder anderen Hymnen in der Volkssprache so manches Herz wiedergewinnen konnten, das man schon an „die andere Seite verloren" hatte.

„Dem Volk aufs Maul schauen" – nach diesem Prinzip übersetzte Martin Luther einst die Bibel und sie avancierte damit zum ersten Werkzeug einer Reformation, die immer er-

Aktiv auf die Menschen zugehen, nicht am Altar auf sie warten.

folgreicher wurde. Als Wald- und Wiesenpater bemühe ich mich ebenso dem Volk aufs Maul zu schauen und so das Evangelium nah an den Herzen der Menschen zu verkünden. Nicht immer rede ich dabei kirchenamtlich konform und wage es dabei auch, Kritik an den kirchlichen Missständen zu üben. Manchmal gelingt das, manchmal scheitere ich freilich auch krachend damit. Wie auch immer das Ergebnis ausfällt, die Mühe habe ich mir nicht umsonst gemacht. Als Dominikaner fühle ich mich dem Grundsatz der „Veritas" – der Wahrheit verpflichtet und so wie unzählige Nachfolgerinnen und Nachfolger meines Ordensvaters Dominikus (1170–1221) und Jesus selbst gilt für mich „die Wahrheit wird euch frei machen" (Joh 8,32)!

Als ich als Student ein paar Jahre in den USA verbringen durfte, besuchte ich als Erstes ein Kino. Natürlich verband ich diesen Besuch auch mit Gründen des Amüsements. Doch ein weiterer Grund trieb mich gleichsam ins Lichtspieltheater: Dort und auch beim Fernsehschauen oder beim Radiohören hatte ich am ehesten die Gelegenheit, Englisch zu lernen. Mit den Kenntnissen, die ich in der Schule von der englischen Sprache gesammelt hatte, konnte ich im Alltag nicht viel anfangen. In den Medien fand ich eher die Alltagssprache als in meinen Schulbüchern.

Was für das Erlernen und das Praktizieren einer fremden Sprache gilt, das lässt sich noch mehr vom Denken und den Überzeugungen einer Gesellschaft sagen. Den Menschen zuhören und vorurteilsfrei die Wirklichkeit im Lichte des Glaubens zu betrachten, darin liegt die Richtung, auf die wir als Christen gewiesen sind. Kein noch so kluges Buch oder subtil entwickelte Theorie vermag uns etwas darüber mitzuteilen, wie „man", „frau" oder „divers" heutzutage so ticken.

Dem Volk aufs Maul schauen – mit diesem Prinzip fand der große Reformator Martin Luther ein Prinzip, das heute noch gilt. Gerne folge ich als Wald und Wiesenpater dieser Richtung. Auf verschlungenen Pfaden, im Staunen über die Menschen, die mir immer wieder begegnen oder nach wie vor gerne auch im Kino oder heutzutage bei den verschiedenen Streaming-Diensten spüre ich dem Geheimnis Gottes nach. Er lässt sich finden im Wald und in der Wiese, aber auch auf den vielen Straßen und Gassen der Menschen!

Video: Tour durch den Garten von P. Albert.

Quintessenz:
Die Menschen erwarten von der Kirche eine Sprache, die sie „anspricht".
Wir brauchen den Mut vorurteilfrei auf die Gesellschaft zu blicken.
Dem Volk aufs Maul schauen.

Profis
und Amateure

Der Politiker Gregor Gysi, der 2018 bei uns in Klausen zu Gast war, bemüht in seiner Autobiographie sehr schön ein biblisches Bild, das er mit einer historischen Tatsache vergleicht: „Noah war ein Amateur und hat die Arche gebaut und sie überlebte die Sintflut. Die Titanic wurde von Profis gebaut und sank schon bei der Jungfernfahrt."

Mit diesen markigen Worten fasst der begnadete Redner und für viele sehr glaubwürdige Staatsmann eine wichtige Wahrheit zusammen: Der Profi, also der Professionelle handelt oft weniger aus Überzeugung als aus dem Motiv heraus, seinen Lebensunterhalt mit seinem Tun zu bestreiten. Der Amateur betreibt seine Sache, weil er von ganzem Herzen mit ihr verbunden ist. Im Wort „Amateur" steckt ja schon das lateinische *„amare"*, also lieben. Man kann also sagen: beim Amateur handelt es sich um einen Liebhaber, dessen was ihn antreibt. Wen wundert es, dass ein Amateur, der seinem Hobby sehr gewissenhaft nachgeht, oft erstaunlichere Resultate erzielt als die Person, die eine Sache professionell, also zum Broterwerb verfolgt.

Ich schaue selbst gerne You-Tube-Videos an, die nicht von religiösem Inhalt sind. Seien es Gärtnerinnen, die davon berichten, wie man Tomaten oder Paprika erfolgreich im Gewächshaus anbaut, oder Halter, die von ihren Erfahrungen mit ihren Laufenten oder Hühnern berichten – immer spüre ich deren tiefe Verbundenheit mit dem Thema, über das sie einen Film veröffentlichen. Hier sehe ich echte Amateure, also „Liebhaber" ihres Hobbys am Werk, deren Herzen gleichsam überquellen, wenn sie erzählen, wie man Tomaten richtig geizt oder wie man einen Teich anlegen muss, in dem sich Enten wohlfühlen. Das Hobby hat sich in eine positive Leidenschaft verwandelt, das sie antreibt und für die sie mit ihrer ganzen Person einstehen.

Wie sieht es bei uns Christinnen und Christen aus? Wie reden wir von unserem Glauben? Was sagen wir über unsere Beziehung zu Jesus? Im ersten Moment bin ich versucht, ähnlich, wie oben beschrieben, zwischen religiösen Profis und Amateuren zu unterscheiden. Analog dazu kann man zunächst sagen, dass diejenigen, die als hauptamtliche „Kultmanagerinnen und -manager" davon leben, für andere Religion institutionell auf vielfältige Weise zu organisieren, oft blutleer und merkwürdig distanziert zum eigentlichen Inhalt des Glaubens erscheinen. Die Frage, ob diese Person ein Verhältnis zu Jesus Christus besitzt, das lediglich eine theoretische Bejahung überschreitet, taucht in der Tat bei mir des Öfteren auf.

Im Kontrast zu dieser Wahrnehmung begegnen mir sogenannte Ehrenamtliche oder Laien, deren Glauben mich beeindruckt.

Dank Smartphone bedarf es nicht immer eines professionellen Kamerateams...

Früher wünschte ich mir in solchen Momenten mein akademisches Studium der Theologie hinfort, um eine ähnliche ganzheitliche Beziehung zu Gott zu erlangen. Menschen, die es finanziell nicht nötig haben, ihren Glauben zu bezeugen.

Der religiöse Amateur erscheint hier als der eigentliche Christ im Gegensatz zu den unzähligen Kirchenbeamten, die kalt und herzlos die Sache Jesu verwalten und die gegenüber dem Glauben im Grunde genommen eine gleichgültige Position einnehmen.

Das ist aber nur die eine Seite der Wahrnehmung. Ich stelle nämlich auch noch etwas anderes fest. Bei so manchen Amateuren schleicht sich schnell so etwas wie eine „hundertfünfzigprozentige" Überzeugung ein, die zu einer Art „Tunnelblick" führt. Denn der von ganzem Herzen Glaubende steht in der Versuchung, den Verstand auszuschalten. Außerdem fehlt einer solchen Person bisweilen die Wahrnehmung, was links und rechts des Weges noch so „wächst"!

Der Profi schaut mit einem anderen Blick auf die Sache. Oft hat eine solche Person eine akademische Ausbildung durchlaufen, die eine ganz andere Perspektive schenkt. Wer wo und wie auch immer Theologie studiert hat, dem eröffnen sich neue Welten. Zwar verbindet sich mit der wissenschaftlichen Betrachtung des Glaubens zunächst auch immer naturgemäß der Moment des Zweifels, doch dies stellt meiner Meinung nach im Laufe der Zeit immer weniger ein Hindernis dar. Ganz im Gegenteil: der Zweifel fügt dem Reden über Gott und Jesus Christus eine besondere Tiefe hinzu. Der Zweifel ist der natürliche Bruder des Glaubens.

Je älter ich werde, umso mehr stelle ich bei mir und anderen fest, dass zur „Unterscheidung der Geister" (1 Kor 12,10 / 1 Joh 4, 1–6) auch immer eine wissenschaftliche Reflexion gehört. Die kirchliche Lehre und ihre Praxis lassen sich selten auf einen Punkt verengen. Authentisches Leben aus dem Glauben ruft zu einer weiten Sicht des Lebens auf und öffnet Menschen, die sich als Christen bezeichnen, für den weiten Blick Gottes.

Insofern verlange ich bei allen hauptamtlich Agierenden diesen weiten Ansatz. „Schmalspurtheologen", die dazu noch im Salär der Kirche und damit auch des Volkes Gottes stehen, sehe ich da falsch am Platze. Sie gleichen den Karikaturen von staatlichen Beamten, die den „Job" nur ausüben, weil er ihnen ihren Lebensunterhalt garantiert!

...andererseits schadet Professionalität nie.

Genauso stören mich Männer und Frauen, die zwar keinen finanziellen Lohn für ihr Glaubenszeugnis erhalten, aber dennoch ohne wirkliche Kenntnis der Theologie oder der in der Regel gut „eingespielten" kirchlichen Praxis jedermann und jederfrau vorschreiben wollen, wie sie zu leben haben, und die wissen, was gut für die Menschheit ist.

Es bedarf des „professionellen" Amateurs oder des „amateurhaften Profis". Beide Gruppen werden in der Zukunft für die Kirche wichtig sein: Sowohl die Hauptamtlichen als auch die Ehrenamtlichen. In jüngster Vergangenheit klagt die wissenschaftliche Theologie, dass zunehmend eine Entkoppelung zwischen Lehramt der Kirche und akademischer Glaubenslehre stattfindet. Für mich stellt dies eine beängstigende Entwicklung dar!

Auch in anderen Bereichen stellt ein neues Verhältnis von Profis und Amateuren im Hinblick auf Zukunft der Kirche eine Herausforderung dar. Nur wenn die kirchlich engagierten Menschen sich auf neue Felder wagen, gewinnt ihr Handeln für die sich außerhalb von Kirche befindenden eine neue Wichtigkeit. „Kirchliches Reden" und ein betont „frommes Auftreten" schreckt meiner Meinung nach eher ab.

An Pfingsten lernten die Apostel in neuen Sprachen von Gott zu reden. „Was hat das zu bedeuten?" (Apg 2,12) Das fragten sich die Umstehenden damals. Als professionelle Amateure sind wir aufgefordert uns aus der Begegnung mit Christus den immer neuen „neuen Sprachen" der Menschen zuzuwenden. „Professionell" stammt vom lateinischen Wort *profesci* – bekennen – ab. Ein Profi bekennt also auch immer, für was sie oder er steht. Der Amateur liebt es. Verbunden weist es in die Zukunft. Professionelle Amateure und amateurhafte Profis schaffen es, den Mut aufzubringen, sich auch aus dem Glauben heraus neue Themen zu erarbeiten und so überzeugender zu wirken.

Profi? Amateur? Die Grenzen sind manchmal fließend.

Video: Gregor Gysi bei seinem
Besuch in Klausen über die Rolle
der katholischen Kirche.

Quintessenz:

Wer aus dem Herzen heraus den Glauben im Reden und im Handeln bezeugt,
kann auch andere für Christus gewinnen. Das gelingt, wenn Christinnen und Christen
sich als professionelle Amateure verstehen.

Und dann
kam Corona

Anfang 2020 ging es mir wie so vielen. Mein Plan für das Jahr stand. Im März sollte endlich mein „Herzensbuch" erscheinen. Die Präsentation meines Buches „Sanfte Pfoten, nasse Flossen, nackte Füße" inklusive Laudatorin war terminiert. Danach hatte ich weitere Termine bzgl. Lesungen vereinbart. Ebenso lag ein Veranstaltungsprogramm für Kultur in der Wallfahrtskirche vor. Natürlich lief das Kirchenjahr ab so wie immer. Auch meine privaten Termine standen fest im Kalender notiert.

Tja und dann kam Anfang März 2020 Corona und legte erst einmal alles lahm. Nichts ging mehr. Alle Gottesdienste wurden abgesagt.

Das traditionelle Osterklappern bekam coronabedingt 2020 erstmalig einen Dirigenten vom Kirchturm aus.

Alle Termine bzgl. meines neuen Buches lösten sich in Luft auf. Genauso geschah es mit den Veranstaltungen, die wir in diesem Jahr durchführen wollten.

Von Anfang an war ich allerdings entschlossen, die Menschen durch diese Zeit zu begleiten. Mit der Mehrheit meiner Zeitgenossen nahm ich an, dass die Dauer dieser Phase des strengen Lockdowns mit all den einschränkenden Maßnahmen wohl nicht lange dauern würde. Dass diese erste Zeit fast zwei Monate dauern würde, hätte ich nicht erwartet. Zusammen mit unserem ehrenamtlichen Veranstaltungskoordinator und dem ganzen Team überlegten wir, wie wir als Kirche auf die Herausforderungen dieser besonderen Zeit reagieren sollten.

Der tägliche meist selbst produzierte geistige Impuls auf den schnell wachsenden Social-Media-Kanälen gehörte von Anfang an dazu. Dazu gesellte sich rasch der sonntägliche Live-Stream-Gottesdienst. Hinzu kam in diesem Bereich auch der Versuch, mit den Zuschauerinnen und Zuschauern eine Online-Kommunikation oft nach einer Internet-Messe zu starten.

Ebenso präsentierte ich das Buch auf digitale Art und Weise. Zusammen mit unserer Partner-Buchhandlung gelang es mir, das Buch in unserer Region gut zu bewerben und in dieser „lesefreundlichen" Zeit auch viele Interessierte zu gewinnen. Im April 2020 avancierte das Buch zum bestverkauften Druckerzeugnis in Wittlich.

Da das „Osterklappern" aufgrund der hygienischen Einschränkungen in diesem Jahr unmöglich war, ersannen wir uns die Idee des „Rappelns zuhause". Die Kinder bleiben mit ihren Rappeln daheim und der Pater sollte zu den üblichen Zeiten des Rappelns den Turm der Wallfahrtskirche besteigen und von oben das hölzerne Instrument betätigen und somit die Mädchen und Jungen unterstützen. Elfmal bin ich an den Kartagen im ersten Coronajahr die Leitern in „schwindelerregende Höhen" hochgestiegen, um das kleine Podest zu erreichen, von wo ich ca. 35 m hoch über den Dächern von Klausen zusammen mit vielen Kindern am Boden vor den Häusern ihrer Familien als Ersatz für die nach „Rom geflogenen Glocken" fungierte.

In der zweiten Phase dieses ersten langen Lockdowns, in der zaghafte Lockerungen versucht wurden, wagten wir uns an neue „corona-konforme" Präsenzgottesdienste heran. Parkplätze im Umkreis der Wallfahrtskirche verwandelten sich in Schauplätze von „Auto-Gottesdiensten", die gut angenommen wurden. Aus unserer Motorradwallfahrt wurde eine Segensfeier im Vorbeifahren und der Bischof feierte sein erstes Pontifikalamt

Dank Corona ein Bericht in den ARD-Tagesthemen.

wieder in Präsenz bei uns in der Wallfahrtskirche Klausen.

Aufgrund unserer vielen Aktivitäten wurden die Medien auf die Wallfahrtskirche Klausen aufmerksam. Bis hinein in die ARD-Tagesthemen reichte damals unser medialer Wirkungskreis und fast täglich waren verschiedene Medienvertreter zu Gast im Klausener Pfarrhaus.

Für mich persönlich stellte diese Zeit eine besondere Herausforderung dar. Anders als in anderen Jahren erhöhten sich der Stress und die zeitliche Belastung bei mir in einem solchen Maß, dass ich in der Nacht nach dem Ostermontag dieses Jahres mitten im Lockdown einen körperlichen Zusammenbruch erlitt. Der Stress und die neuen Anforderungen an einen Pater im Corona-Modus türmten sich derart an, dass mein Körper mir eine Ruhe-

Nach wie vor gewöhnungsbedürftig: leere Kirchenbänke mit aufgeklebten Fotos.

pause verordnete. Auch bei mir ging nichts mehr! Während der ersten sehr anstrengenden Wochen dieser sehr intensiven Phase der Corona-Beschränkungen empfand ich mich als „Trommler", der den Menschen in dieser schwierigen Zeit der Isolation und des erzwungenen Rückzugs in das Private Hoffnung und Zuversicht vermitteln wollte.

Viele Zeitgenossen empfanden diese Periode als einen Moment des Rückzuges und des Innehaltens. Viele berichteten mir davon, wie sie die Wochen des ersten Lockdowns als Zeit der Entschleunigung und einer Neuentdeckung

und Wertschätzung des privaten Raums erlebt haben. Meine Erinnerung prägt eine ganz andere Erfahrung: Stress, ständige Neuorientierung und eine Dauerbeanspruchung, wie ich sie vorher über einen so langen Zeitraum nicht kannte.

Dennoch will ich diese Zeit nicht missen, denn in ihr hat sich bei mir viel verändert. Aufgrund der besonderen Umstände dieser Zeit justierte sich in mir einiges um. Eine neue Sichtweise auf die Menschen und die Möglichkeiten, diese auch unter erschwerten Bedingungen zu erreichen, veränderten mich als Priester und

Seelsorger nachhaltig. Sich kreativ etwa im Bereich Social Media auf Neues einzulassen, verschaffte mir neue Kompetenzen und erweiterte das Feld meiner Verkündigung. Gerade als Angehöriger des Predigerordens vermochte ich das Profil meiner Aktivitäten als Christ neu zu schärfen.

Natürlich nehme ich auf der anderen Seite auch wahr, dass die Corona-Krise für viele Mitbrüder, Kolleginnen und Kollegen auch viele negative Aspekte mit sich trug. Nicht zu vergessen all das Leid, das diese Krankheit vielen Menschen brachte. Das soll hier nicht schöngeredet werden. Es muss aber auch an dieser Stelle gesagt werden: für so manchen und für so manche war „Corona" auch eine Ausrede für Faulheit. Doch darum soll es in diesem Buch nicht gehen.

Als Dominikaner verdanke ich den besonderen Umständen dieser Zeit sehr viel. Wie ich schon am Anfang der Krise an Aschermittwoch 2020 in einer Predigt sagte, „wir werden anders aus dieser Zeit herauskommen, als wir hereingekommen sind." Für mich bewahrheitete sich dieser Satz auf sehr eindrückliche Art und Weise. Meine Kreativität und mein Mut, neue Felder von Aktivität und des Denkens zu betreten, steigerte sich sehr. Besonders als Glaubender erfahre ich mich noch einmal ganz anders. Gott habe ich in dieser Krise als größer erfahren als vorher. Um bei den leidenden Menschen zu sein, bewegt er mich, die üblichen Pfade des kirchlichen Handelns zu verlassen und mich auf neue Wege zu begeben, um IHN denen zu bringen, die ihn benötigen.

 Video: ARD-tagesthemen „Mittendrin" über Pater Albert und seine Segnungen.

 Video: Klappern mit Pater Albert (Ostern 2020).

Quintessenz:
Die Corona-Krise stellte mich als Priester und Seelsorger vor neuen Herausforderungen. Ich habe eine Steigerung von Kreativität und Offenheit erfahren. Durch diese Zeit habe ich neue Wege betreten.

Wozu noch Seelsorge?

Psychologen, Schamanen und andere Experten tummeln sich heute um den modernen Menschen herum, um ihm in seinen mannigfaltigen Schwierigkeiten, das moderne Leben zu bewältigen, zu helfen. Ich selbst fühle mich als christlicher Priester und als Seelsorger in der Aufgabe, den gestressten Zeitgenossen von heute beizustehen, oft überfordert. Ja noch mehr, denn in der Fülle von professionellen Helferinnen und Helfern, die uns heute ihren Beistand anbieten, keimt in mir manchmal der Gedanke auf, Seelsorge im Raum der Institution Kirche hat ihre Sinnhaftigkeit verloren. Warum überlasse ich das Feld nicht den Profis verschiedenster Expertise und ziehe mich zurück? Welchen Sinn kann ich der Seelsorge heute noch abgewinnen?

In der Tat scheinen es etwa Psychologen einfacher zu haben, Menschen Hilfe zur Lebensbewältigung anzubieten. Sie sind – anders als die herkömmlichen kirchlichen Seelsorgerinnen und Seelsorger – frei von einer Bindung an ein fixiertes Glaubensbekenntnis. Sie können ohne den Blick in einen inneren oder äußeren Katechismus aus der Kenntnis der „reinen" Menschlichkeit handeln und helfen. Von einem Mitbruder, der in der Krankenhausseelsorge arbeitet, weiß ich, dass dort bereits nach psychologisch ausgebildeten Arbeitskräften gesucht wird, die als „Seelsorgerinnen" und „Seelsorger" im Bereich des Krankenhauses wirken können. Ein Gedanke, der auf den ersten Blick hin überzeugen kann. Begegnen mir als Priester nicht nur im Krankenhaus, sondern auch in vielen Feldern der einstmals klassischen „Seelsorge" immer mehr Menschen, die zwar nach Orientierung und Hilfe suchen, denen aber ein konfessionelles Bekenntnis eigentlich völlig egal ist. „Hauptsache et Hätz es jot!" So würde der Kölner hier zustimmen.

Eine bekannte Schamanin unserer Tage, Annabelle Wimmer Bakic, schreibt über ihre Arbeit folgenden Satz: „Mir geht es um ein universelles spirituelles Bewusstsein, um das, was die Menschen teilen, jenseits der Grenzen und Begrenzungen unterschiedlicher Glaubenssysteme." Mit diesen Worten beschreibt die Autorin sicherlich auch ein Lebensgefühl vieler Menschen, für die es eher um Entgrenzung und Offenheit geht als um die Einhegung von Spiritualität und Seelsorge in das altbekannte und oftmals ungeliebte enge Korsett kirchlicher Lehre.

Daraus nun die Folgerung zu ziehen, kirchliche Seelsorge wird kaum noch eine Zukunft haben, ist von daher nicht ganz abwegig. In einem zweiten Gedankenschritt komme ich allerdings zu anderen Resultaten. Ist es wirklich wahr, dass ein Sorgen und Kümmern um den Menschen ohne eine Ausgangsbasis und ein Ziel tatsächlich erfolgversprechender sind als eine Pastoral, die vom christlichen Glauben her und zum Ziel hinwirkt? Vielleicht ist es vielmehr so, dass auch die vermeintlich entkonfessionalisierte Seelsorge immer von einem Ausgangspunkt her und zu einem Ziel hinarbeitet? Sich dann über eine solche Grundlage und Zielführung zu informieren, wäre dann hilfreich.

Von einer derartigen Überlegung ausgehend erscheint mir dann ein Wirken für den Menschen aus dem christlichen Glauben heraus wieder sehr sinnvoll. Seelsorge, die sich verortet in einer konkreten Glaubensgemeinschaft, der auch von dort her Ziel und Rahmen

Seelsorge heißt, immer ein Ohr für die Menschen zu haben.

gesteckt wird, birgt für mich weiterhin den Charakter der Zukunftsfähigkeit. Sicherlich ist es nötig, dass die Glaubensgemeinschaft immer wieder bestimmte Inhalte bzw. konkrete Umsetzungen der eigenen Überzeugungen im Lichte neuer Einsichten und geänderter gesellschaftlicher Rahmenbedingungen auf den Prüfstand stellt und gegebenenfalls erneuert oder ändert.

Damit erhält dann auch die jeweilige Seelsorge einen neuen Fokus und vielleicht eröffnen sich damit verbunden auch neue Tätigkeitsfelder für Frauen und Männer, die aus dem Glauben heraus sich für den Menschen engagieren wollen. Kirchliche Seelsorge bleibt weiterhin gefragt und wie oft spüre ich, mit welchen hohen Erwartungen an einen Priester und Ordensmann, der aufgrund seines Lebens eindeutig kirchlich verortet ist, mir Menschen begegnen. Diesen hohen Erwartungen kann ich aus vielerlei Gründen manchmal nicht gerecht werden. Den Schmerz der Enttäuschung bei denen, die so viel von mir erhofft haben, und denen ich – warum auch immer – nicht helfen konnte, spüre ich auch. Ich versuche dann, diese Nichtentsprechung einer Erwartung als Ansporn und Anruf Gottes zu verstehen, die mir hilft, in Zukunft klarer und besser zu sein.

Wie oft haben sich „08/15-Begegnungen" als wahre Hochform einer seelsorglichen Begegnung entpuppt. Sei es in meinem nor-

Inmitten der Gläubigen fühlt er sich am wohlsten: P. Albert mit einer Pilgergruppe aus Gillenfeld.

malen Dienst bei den vielen Gesprächen, die ich tagtäglich mit Taufeltern, Paaren oder Trauernden führe. So manche Gremiensitzung verändert sich zu einer tiefgehenden Auseinandersetzung über Grundfragen des Lebens. Empfange ich prominente Gäste im Rahmen des Programms „Kultur in der Wallfahrtskirche", so gelangen wir oft in den Gesprächen rasch zu den Themen, die eher von seelsorglichem Charakter sind.

Sicherlich leben wir, wie der Untertitel des Buches sagt, in „schwierigen Zeiten." Das „Geschäft" der Seelsorge wird nicht einfacher.

Dennoch bin ich zutiefst davon überzeugt, dass der Bedarf an einer kirchlich geprägten und verantworteten Seelsorge weiterhin von hoher Bedeutung bleibt!

Jeden Morgen beten wir in unserer kleinen Gemeinschaft den Vers aus dem Benedictus, den aus dem Lukasevangelium stammenden Worten des Zacharias: „Du Kind, wirst Prophet des Höchsten heißen; denn du wirst dem Herrn vorangehen und ihm den Weg bereiten" (LK 1,75). Auch wenn diese Worte des jüdischen Priesters an seinen Sohn Johannes den Täufer gerichtet sind, so beziehe ich sie

Wo die Menschen sind, da ist Gott.

Vom persönlichen Gespräch profitiert nie nur eine Seite.

auch auf mich. Ein Prophet ist jemand, der „für Gott spricht". Diese Rolle übernehme ich gewollt oder ungewollt immer wieder in meiner Arbeit bei unterschiedlichen Situationen, wovon dieses Buch berichtet hat. Dabei hoffe ich, dass ich dadurch Gott und seinem guten Willen für seine Welt den Weg bereite und ihn nicht verhindere.

Quintessenz:
Kirchliche Seelsorge hat eine Zukunft! Seelsorgerinnen und Seelsorger sind Menschen, die Gott helfen, seinen Weg zu bereiten.

Epilog:
Trotzdem bleibt es spannend –
Kirchenlust statt Kirchenfrust

Es gibt Zeiten, in denen ich mich als sehr lebendig empfinde und in der ich als Prediger gern zu „Hochtouren auflaufe". Solche Momente lassen mich mutig sein und in Wort und Gestik wage ich mehr als üblich. Da existieren aber auch andere Zeiten, in denen ich mich müde erfahre, mutlos und entkräftet. Oft schaue ich dann in Augen, denen es genauso geht. Wir befinden uns in der Tat in schwierigen Zeiten. Gefühlt war es nie schwerer Christin oder Christ zu sein als heute! Der Schwierigkeitsgrad erhöht sich noch um ein Vielfaches, wenn in meinem Taufbuch der Vermerk „Römisch-Katholisch" geschrieben steht.

Nicht selten entsteht an solchen Zeitpunkten bei mir der Wunsch „alles hinzuwerfen", irgendwie ganz neu anzufangen und die Kirche zu verlassen und meinen christlichen Glauben in einer neuen Form zu leben. „Wollt auch ihr gehen" (Joh 6,67)? So fragt Jesus seine Jünger (und manchmal gefühlt auch mich), nachdem einige von ihnen, aufgebracht von seinen Worten, enttäuscht äußerten: „Was er sagt ist unerträglich. Wer kann das anhören" (Joh 6,60)? Sie zogen ihre Konsequenz und verließen Jesus und den ersten Kreis der Jüngerinnen und Jünger.

Die Erfahrung der Enttäuschung und des Unverständnisses ist also keinesfalls modern. Sicherlich kommt heute hinzu, dass die Kirche oft nicht zu einer Erhellung der Botschaft Jesu beiträgt. sondern sie stattdessen noch eher verdunkelt und unverständlicher erscheinen lässt.

Gott schenkt uns die Freiheit zu gehen und ich bin darüber hinaus überzeugt, er lässt sich auch außerhalb der Kirche finden. Der alte Satz *„extra ecclesia nulla salus"* (Außerhalb der Kirche gibt es kein Heil) erachte ich als eine Selbstüberschätzung einer religiösen Institution, die jegliche Verwurzelung mit der Grundintention Christi verloren hat. Außerhalb der Kirche existieren ganz im Gegenteil

Mit so vielen engagierten Helfern kann kein Frust aufkommen.

Kinder sind die Zukunft der Kirche, deshalb sollten wir Ihnen die meiste Aufmerksamkeit schenken.

viele Wege, die zu Gott und seinem viel-fältigen Wirken in seiner weiten Schöpfung führen. Doch diese befinden sich eben außer-halb des „Spielfeldes", das ich als mir von Gott zugewiesen empfinde.

Meine Spielwiese ist die Kirche und ich glau-be sie hat noch lange nicht ausgespielt. Ich hoffe, ich konnte zeigen, dass gerade heute viele Möglichkeiten bestehen, um frisch und neu die Botschaft Jesu an die Frau oder an den Mann zu bringen. Es bleibt spannend, welche Pfade sich mir öffnen auf dem weite-ren Verlauf meines Weges in der Nachfolge Christi. Mein Köcher als Schmetterlings-sammler ist noch lange nicht voll.

Manchmal empfinde ich in der Tat eine große Müdigkeit, doch öfter ruft mich meine Neugier und Kreativität in eine neue Richtung. Gott und sein Wirken ist wie ein bunter Schmetterling, der vor mir her tanzt und mich immer neu lockt ihm in ungeahn-te Landschaften und herrliche Regionen zu folgen.

Ich folge ihm ganz bewusst im Gewand des Predigerbruders und als Priester dieser Kirche. Kirchenlust statt Kirchenfrust!

Video: SWR-Dokumentation „Pater Albert legt los! Seelsorge in Corona Zeiten".

Die Wallfahrtskirche in Klausen.

Pater Albert Seul O. P., geboren 1970 in Köln, ist seit 1992 Mitglied im Dominikanerorden. Nach philosophisch-theologischen Studien in Bonn, Mainz und Washington DC wurde er 2000 zum Priester geweiht. Nach Einsätzen in Hamburg und Vechta/Visbek wurde er 2011 nach Klausen in der Eifel versetzt. Hier wirkt er als Seelsorger und Rektor der dortigen Wallfahrtskirche und als Pfarrer in der Region. Dabei versucht er immer wieder, mit neuen Ideen die Kirche attraktiv zu gestalten.

Bekannt ist Pater Albert auch überregional durch das Veranstaltungsprogramm „Kultur in der Wallfahrtskirche" und diverse Reportagen des SWR-Fernsehens. Darüber hinaus versucht er, auch in eigenen Social-Media-Kanälen die Menschen zu erreichen.

Zusammen mit einem anderen Dominikaner lebt er in einer Kommunität seines Ordens. Ganz besonders wichtig sind ihm seine Tiere. Neben zwei Katzen, einigen Fischen in zwei Aquarien, fünf Laufenten und siebzehn Hühnern, gehören seit neuesten nun auch zwei Ziegen zu seiner tierischen Umgebung.

Social Media & Kontakt Pater Albert Seul OP
Internet *www.pateralbert.de*
Facebook *www.facebook.com/pateralbertop*
Instagram *www.instagram.com/pateralbertop*
Email: *kontakt@pateralbert.de*

Social Media & Kontakt Wallfahrtskirche Klausen
Internet *www.wallfahrtskirche-klausen.de*
Facebook *www.facebook.com/WallfahrtskircheKlausen*
Instagram *www.instagram.com/WallfahrtskircheKlausen*
YouTube *www.youtube.com/WallfahrtskircheKlausen*
TikTok *www.tiktok.com/@wallfahrtskircheklausen*
Email *presse@wallfahrtskirche-klausen.de*

Bildnachweis

Adobe Stock: Seite 28 (Wideonet).

ARD tagesthemen: Seite 129.

Doll, Robert: Seiten 15, 17.

Hober, Samuel: Seiten 66, 138.

Marenberg, Tobias: Seiten 12, 35, 94, 106, 107, 114, 123, 125, 127, 130, 143.

pixelio.de: Seite 84 (Reiner Sturm).

Seul OP, Pater Albert: Seiten 43, 111, 115.

Shutterstock: Seiten 25 (Hunterframe), 27 (Grabowski Foto), 73 (Tito Wong).

Wasser, Franz-Peter: Seiten 6, 7, 8, 11, 22, 36, 40, 46, 48, 51, 53, 54, 56, 58, 59, 60, 62, 65, 68, 70, 74, 76, 78, 80, 81, 87, 88, 90, 93, 96, 97, 99, 100, 102, 105, 108, 109, 117, 118, 120, 122, 126, 132, 134, 135, 136, 137, 139, 140, 142.

Wikimedia Commons: Seiten 19, 23, 32, 38.